GUIA TOPOLÓGICO PARA O ATURDITO

Jorge Chapuis

com a colaboração de
Rithée Cevasco

GUIA TOPOLÓGICO PARA O ATURDITO

um abuso imaginário e seu além

aller

Editora	Fernanda Zacharewicz
Conselho editorial	Andréa Brunetto • *Escola de Psicanálise dos Fóruns do Campo Lacaniano* Beatriz Santos • *Université Paris Diderot — Paris 7* Jean-Michel Vives • *Université Côte d'Azur* Lia Carneiro Silveira • *Escola de Psicanálise dos Fóruns do Campo Lacaniano* Luis Izcovich • *Escola de Psicanálise dos Fóruns do Campo Lacaniano*
Tradução	Paulo Sérgio de Souza Jr.
Revisão	Gisela Armando e Fernanda Zacharewicz
Diagramação	Sonia Peticov
Adaptação da capa	Niky Venâncio

Primeira edição: junho de 20219
Segunda impressão: julho de 2025

Dados Internacionais de Catalogação na Publicação (CIP)
Ficha catalográfica elaborada por Angélica Ilacqua CRB-8/7057

C468g

    Chapuis, Jorge

    Guia topológico para "O aturdito", um abuso imaginário e seu além
/ Jorge Chapuis; traduzido por Paulo Sérgio de Souza Junior. — São
Paulo: Aller Editora, 2019.
    208 p.: il.; 14x21cm.

    ISBN: 978-85-94347-21-3

    1. Psicologia. 2. Psicanálise. 3. Topologia. 4. Lacan, Jacques, 1901-
1981. I. Souza Júnior, Paulo Sérgio de. II. Título.

2019-883

CDD 150.195
CDU 159.964.2

Índice para catálogo sistemático
1. Psicologia: Psicanálise   150.195
2. Psicologia: Psicanálise   159.964.2

Publicado com a devida autorização e
com todos os direitos reservados por

ALLER EDITORA
Rua Havaí, 499
CEP 01259-000 • São Paulo — SP
Tel: (11) 93015-0106
contato@allereditora.com.br
 Aller Editora • alohareditora

Sumário

Prefácio à edição brasileira   7

Introdução   15

1 | Um pouco de topologia   21
2 | Do toro à falsa banda de Moebius   25
3 | Pode-se fazer algo mais com o toro neurótico   33
4 | A costura: banda de Moebius "verdadeira"   43
5 | Retorno à banda bilátera   49
6 | A banda de Moebius é o corte   55
7 | Uma suplência possível   75
8 | Outro suplemento possível: da banda de
Moebius ao *cross-cap*   81
9 | A asfera   89
10 | Não é metáfora   99
11 | O asférico do universo em "particular"   116
12 | A topologia de um discurso   124
13 | O que se pode ensinar   130
14 | A topologia é a estrutura   138
15 | O corte e a quantidade de voltas: o impossível, o real   148
16 | O final   166

Anexos

A1 O recurso topológico   181
A2 O toro   188
A3 A banda de Moebius   191
A4 Direito, avesso e través   195
A5 Representação das bandas   197
A6 Os números transfinitos   199
A7 A demanda ímpar   201

Referências bibliográficas   203

Prefácio à edição brasileira

Ivan Ramos Estevão

Algum espaço entre o "Entendeu, ou quer que eu desenhe?" e o "decifra-me ou te devoro".

Entendeu, ou quer que eu desenhe?!

Temos aqui uma expressão comumente pejorativa no linguajar brasileiro referente talvez a suposição de uma rebaixada capacidade intelectual do interlocutor que depois de várias explicações sobre uma ideia ainda não consegue assimilá-la. Tal expressão provavelmente tem origem associada às crianças em seu fascínio pré-alfabetização pelas imagens[1]. Não obstante, ela faz referência a possibilidade de comunicação e transmissão que a imagem pode oferecer. Temos uma dupla dimensão da imagem, enquanto sinal que se presta a efeitos de fascinação imaginários e como significante, suporte de uma significação que permite um ensino e uma transmissão. A imagem enquanto simbólica e imaginária. Ou seja, a imagem tem efeitos de ensino, de transmissão e de compreensão, mas se fixa impedindo as sutilizas da palavra. É, assim, comumente um recurso infantil, pontual. Se eu desenhar, fica mais fácil para você?!

E é nos riscos da imaginarização que Lacan evita imagens em *O aturdito*. Há uma dificuldade constante na

---

[1] Valent associa a distinção entre aspectos figurativos e operativos do pensamento propostos por Piaget. Cf. VALENT, T. S. *Entendeu, ou quer que eu desenhe?. Educ. rev.* [online]. 2007, n.30, pp.131-144. ISSN 0104-4060. http://dx.doi.org/10.1590/S0104-40602007000200009.

psicanálise que se dá em alguns problemas do próprio campo: como produzir no ensino efeitos de transmissão? Mais que isso, como dar condições de se fazer um saber sobre o Real? A imaginarização da psicanálise está sempre posta, como risco, que leva a redução do discurso analítico, por exemplo, a uma variação do discurso social. Ou, ainda, a ideia de ensino convoca ao lugar de *astudante* (com "a" mesmo, referência ao lugar de objeto do estudante no seminário XVII) e de que há um saber pleno e há aquele que sabe.

Freud parece fazer dois avisos sobre isso a Lacan: de que é impossível educar (aviso explícito) e de que o didatismo corre sempre o risco de mestria (aviso implícito). Freud se esforçou para ser didático em seus livros e textos e a quantidade de interpretações e leituras de sua escrita é enorme. Temos diversos "Freuds": charlatão, neurologista, biólogo da mente, hermeneuta, positivista, naturalista, culturalista, entre outras possibilidades, adequadas as argumentações de cada um, sejam estudiosos ou críticos da psicanálise. Esse vários *Freuds* dão a medida do *impossível de educar*. E Lacan, avisado disso, não se preocupa em ser didático. Ao contrário, se faz propositadamente hermético.

A escrita de *O aturdito* é contada no recente livro de Catherine Millot, no qual, segundo ela, Lacan redigia e descartava, recomeçando do zero e aumentando o grau de hermetismo (foram três versões): "Lacan procedia por condensações, sobredeterminações e ambiguidades. O texto devia ser literalmente desembrulhado pelo leitor em seguida"[2].

Em 1981, pouco tempo depois da morte de Lacan, Foucault é entrevistado pelo *Corriere dela sera* e indagado se o hermetismo lacaniano de seus textos e seminários era uma forma de "terrorismo intelectual". O fato é que não

---

[2]MILLOT, C. *A vida com Lacan*. Trad. André Telles. Rio de Janeiro: Zahar, 2017, p. 88.

era incomum que esse hermetismo fosse usado pelos críticos de Lacan como ataque[3]. Foucault responde:

> Penso que o hermetismo de Lacan é devido ao fato de ele querer que a leitura de seus textos não fosse simplesmente uma 'tomada de consciência' de suas ideias. Ele queira que o leitor se descobrisse, ele próprio como sujeito de desejo através dessa leitura. Lacan queria que a obscuridade de seus *Escritos* fosse a própria complexidade do sujeito, e que o trabalho necessário para compreendê-lo fosse uma trabalho a ser realizado sobre si mesmo. Quanto ao terrorismo, observarei apenas uma coisa: Lacan não exercia nenhum poder institucional. Os que o escutavam queriam exatamente escutá-lo. Ele não aterrorizava senão aqueles que tinham medo. A influência que exercemos não pode nunca ser um poder que impomos.[4]

O aturdito é um exemplo paradigmático desse hermetismo, de leitura nada intuitiva e que circula de modo condensado por quase toda a conceituação lacaniana até 1972. Jorge Chapuis sabe disso e nos diz claramente: "Não ignoramos a advertência quanto à suposta perda em aderir à imageria das figuras para compreender, em toda a sua natureza, as estruturas topológicas que Lacan utiliza. [...] Nossa aposta para este guia segue a via de [...] imaginar

---

[3]No conhecido livro de Roustang, o autor fala do uso da confusão como forma de desorientação do leitor para os problemas internos da coerência argumentativa de Lacan. Por exemplo: "Como responderá ela [as definições de estrutura e significante] a essas questões? Não diretamente, por certo, pois ficaria evidente que física e psicanálise nada têm em comum. Para dar a entender que as duas disciplinas são convergentes, em que pese às suas diferenças, será preciso desorientar o leitor com digressões e multiplicar as confusões" (p. 36). ROUSTANG, F. *Lacan, do equívoco ao impasse*. Trad. Roberto C. Lacerda. Rio de Janeiro: Campus, 1988.
[4]FOUCAULT, M. Lacan, o 'Liberatore' da Psicanálise In: FOUCAULT, M. *Ditos & Escritos I: Problematização do Sujeito: Psicologia, Psiquiatria e Psicanálise*. Trad. V. L. A. Ribeiro. Rio de Janeiro: Forense Universitária, 2006, p. 330.

a superfície [...] para apreender sua estrutura topológica e as relações que ela organiza. [...] Em certo sentido, essa via se contrapõe ao intento de J. Lacan, em *O aturdito*, de prescindir de imagens" (p. 17). Mas então, por que seguir por aí? Trata-se de um livro carregado de imagens: temos o *toro*, o *cross-cap*, a *banda de Moebius*, a *garrafa de Klein* entre outros, detalhadamente descritos em suas formações, construções e deformações. Chapuis se justifica apontando que não se trata de explicar a topologia lacaniana de *O aturdito*, mas de ilustrá-la e comentá-la.

Convenhamos, não precisamos mais que as figuras topológicas de Lacan sejam ilustradas. Com o aumento dos textos de Lacan (estabelecidos oficialmente ou não), conseguimos acompanhar os usos, voltas, cortes e costuras que Lacan nos oferece nas figuras topológicas. Há diversos livros sobre isso hoje. O mais citado talvez seja o da Jeanne Granon-Lafont[5], publicado em 1985, mas temos ainda o livro de Marc Darmon[6], de 1990, os argentinos Juan Nasio (publicado originalmente no livro *Os olhos de Laura* em 1991 na França)[7], Alfredo Eidelsztein[8], Mario Cesar Tomei[9] e mais recente o de Pablo Amster[10] ou, para citar os brasileiros, o de Paulo Rona[11] e de Pedro Affonso[12].

[5]GRANON-LAFONT, J. *A topologia de Jacques Lacan.* Trad. L. C. Miranda & E. Cardoso. Rio de Janeiro: Zahar, 1996.

[6]DARMON, M. *Ensaios sobre a topologia lacaniana.* Trad. Eliana A. N. do Valle. Porto Alegre: Artes Médicas, 1994..

[7]NASIO, J. -D, *Introdução à topologia de Lacan.* Trad. Cláudia Berliner. Rio de Janeiro: Zahar, 2010.

[8]EIDELSZTEIN, A. *La topologia em la clínica psicoanalítica.* Buenos Aires: Letra Viva, 2006

[9]TOMEI, M. C. *Topologia elemental: um saber prévio a la lectura de Jacques Lacan.* Buenos Aires: Letra Viva, 1993.

[10]AMSTER, P. *Notas matemáticas para ler Lacan.* Trad. Ronaldo Torres. São Paulo: Scriptorium, 2015.

[11]RONA, P. *O significante, o conjunto e o número: a topologia na psicanálise de Jacques Lacan.* São Paulo: Annablume, 2012.

[12]AFFONSO, P. H. B. *Contribuições à topologia lacaniana.* São Paulo: Zagodoni, 2016.

Admitimos que, mesmo assim, não temos um apanhado exaustivo do que foi feito até aqui, podendo facilmente encontrar muitos artigos e pedaços de outros livros sobre o assunto.

Nos restas concluir que a ilustração e *imageria* de que Lacan nos preveniu já está feita. "Já há *comentários* demais, portanto, na imageria desse dizer que é a minha topologia"[13]. Com isso, a acusação que pode recair sobre Chapuis, e que ele mesmo reconhece, não tem mais importância. Ao contrário, estabelecer novos comentários sobre a topologia lacaniana permite abrir o escopo dos estudos sobre o tema, criando possibilidades de se ampliar a psicanálise. É inclusive a proposta de Krutzen ao apontar que Lacan não teve acesso a muitas teorias atuais e que delas e da expansão da topologia se pode fazer a psicanálise andar[14].

Mas a pergunta que se faz com frequência ainda está posta. De que nos serve a topologia? Chapuis não busca comentar toda a topologia lacaniana, mas sim a circunscreve em um espaço limitado, a topologia presente em alguns parágrafos de *O aturdito* que Lacan abre com "Vem agora um pouco de topologia"[15]. Mas se trata de empreendimento grande pois não se pode falar de topologia sem se ater ao rigor necessário. Nesse sentido, Chapuis mantém o rigor, mas faz algo interessante, dirigindo seus comentários sobre a topologia lacaniana para o uso que se pode fazer dela para se pensar, atuar e transmitir a clínica. É para pensar a clínica, mais do que qualquer outra coisa, que a topologia serve. É um modelo da clínica.

Convém dar relevo ao que Lacan nos diz em vários momentos. Não se trata da topologia como recurso

---

[13]LACAN, J. (1972) O aturdito. In: LACAN, J. *Outros escritos*. Rio de Janeiro: Jorge Zahar Ed., 2003, p. 477.
[14]KRUTZEN, H. *Para uma nova definição do espaço clínico: topologia em expansão*. São Paulo: Annablume, 2018.
[15]LACAN, J. (1972) O aturdito. In: LACAN, J. *Outros escritos*. Rio de Janeiro: Jorge Zahar Ed., 2003, p. 470.

metafórico, o uso da matemática e da topologia não se presta a isso. Lacan fala uma vez em *O aturdito*: "Referência que nada tem de metafórica. Eu diria é do estofo que se trata, do estofo próprio deste discurso — se, justamente, isso não equivale a cair na metáfora."[16]. Dez página à frente, volta a dizer "O matema é proferido a partir do único real prontamente reconhecido na linguagem, a saber, o número. No entanto, a história da matemática demonstra (cabe dizer) que ele pode estender-se à intuição, desde que esse termo seja o mais castrado possível de seu uso metafórico"[17]. Não é teoria e muito menos metáfora: a topologia, segundo Lacan, "representa a própria estrutura"[18].

Paulo Rona, discutindo esse mesmo tema e dialogando com alguns comentadores de Lacan que estão pensando sobre a função da topologia, dá relevo a ideia de *modelo*. É cuidadoso em afirmar que não se trata do uso comum da palavra, mas do modelo no sentido matemático do termo. Daí que não é a psicanálise que interpreta a topologia, mas o contrário, a topologia que interpreta a psicanálise[19]. Produzir comentários e desdobrar as formas topológicas que Lacan usa equivale a falar dos efeitos da clínica. E se tem um mérito o trabalho de Chapuis é esse, nos remeter todo o tempo para os efeitos topológicos da clínica, no que vai desde a interpretação do lado do analista como aos efeitos do corte do lado do analisante.

Chapuis extrai da topologia de Lacan movimentos da clínica, propondo para o inconsciente o estatuto de um espaço topológico que se altera mediante intervenções. Como ele aponta, as transformações das superfícies delineiam um

---

[16]*Ibid.*, p. 472.
[17]*Ibid.*, p. 482.
[18]LACAN, J. (1966) O objeto da psicanálise, resumo do seminário de 1965-66. In: LACAN, J. *Outros escritos*. Rio de Janeiro: Jorge Zahar Ed., 2003, p.224.
[19]RONA, P. *O significante, o conjunto e o número: a topologia na psicanálise de Jacques Lacan*. São Paulo: Annablume, 2012, p. 48.

caminho para a experiência analítica, ou seja, a topologia e suas transformações como modelo da experiência. Daí com o toro temos a estrutura da neurose e como o processo de análise pode se efetuar no que diz respeito aos reviramentos, cortes e costuras sobre a superfície do toro.

O toro opera como modelo macro (o próprio processo analítico) e, também, como micro (o efeito de uma sessão). Esse mesmo sistema já nos servia para pensar a questão do tempo em análise, que Lacan nos apresenta em três conhecidos tempos, nomeados como *instante de ver, tempo de compreender* e *momento de concluir*. Vale-se destes três tempos lógicos tanto no que diz respeito a uma sessão quanto a todo o processo analítico. Usar o toro nos permite trabalhar sobre um modelo que leva em conta temporalidades que não caminham necessariamente para o final da análise. Aliás, Chapuis deixa claro como o movimento de uma análise é espiralado e pode, sim, ter movimento de retrocesso ou manter-se no mesmo ponto. Não há garantias de avanço, como vemos nas discussões sobre a banda bipartidade e bilátera e ainda sobre o que diz respeito a esfera e a asfera.

Mas a ideia de ação do analista é talvez o ponto central. Nisso temos: "assimilar uma superfície a um corte já nos mostra que o valor do recurso topológico está mais na forma em que se relacionam as noções implicadas do que na própria figura que é capaz de representá-las" (p. 38). Ora, mais do que a figura, o que nos importa aqui é ação sobre elas, ação que produz efeitos variados, retornando ao ponto inicial (o toro) ou produzindo efeitos analíticos fundamentais: o esvaziamento do toro, o corte de duas voltas e a costura, que faz advir o sujeito que tem como modelo a banda de Moebius e o objeto a, na asfera. Veja como isso se resume:

> caso consideremos a experiência analítica em sua entrada, nas interpretações, nos momentos cruciais e na saída,

talvez pudéssemos nos arriscar a dizer que o sujeito *não é*, mas apenas *se apresenta...* Por fim, ele só emergirá como sujeito dividido (banda de Moebius) ao deixar cair o objeto (rondelle), correspondendo ao atravessamento da fantasia (p. 98).

Na figura do cross-cap é possível projetar o fim da análise, no corte duplo que separa a rondelle esférica (asfera) da banda de Moebius (sujeito), processo que acontece com a queda do analista no lugar de sujeito suposto saber.

Não se trata de operações simples, mas de processos lógicos que têm na topologia seu suporte.

Chapuis parece apresentar, ao fim e ao cabo, uma tese curiosa: que no recurso topológico de Lacan estamos às voltas com grande parte de sua conceituação, que serve ao mesmo tempo de chave na decifração de seus textos como também de guia para os problemas da clínica. E a clínica, da qual o psicanalista decide des-gastar seu tempo, pede ao analista o exercício constante e responsável de manter sua decifração, no que a topologia nos ajuda. Chapuis mostra que ela pode ser vista como uma quimera se for tratada como tal. Decifra-me ou te devoro!

Introdução

Este texto pretende ser um G<small>UIA</small> para se orientar pelos parágrafos que Jacques Lacan dedica à sua topologia em um texto reputado como um dos mais herméticos: *O aturdito*. Poucos negariam o fato de que a leitura de J. Lacan seja custosa; porém, no caso do *O aturdito*, será que ela resiste a toda e qualquer decifração? Caso pretendamos que essa decifração seja exaustiva: sem dúvida.

O aturdito brinca com o "cristal da língua"[1], a francesa; pode-se tentar decifrar os seus equívocos homofônicos, gramaticais e lógicos para vertê-los no cristal de outra língua, a castelhana. Fizemos uma tentativa dessas no grupo de estudos e tradução L'Etd — do Centro de Investigação Psicanálise & Sociedade (Barcelona) —, cujo trabalho utilizamos, em parte, para as referências deste G<small>UIA</small>. Mas, em se tratando da topologia de J. Lacan, um giro a mais pareceu necessário; uma interpretação que roça os limites das diversas modalidades de escrita e de representação.

J. Lacan não utiliza em seu texto nenhuma imagem, mas nos conduz, em poucos parágrafos, por caminhos de linhas, pontos e superfícies nos quais frequentemente nos extraviamos. Tentamos, aqui, delinear um mapa, fazer um guia para nos orientar por esses caminhos. Esse é o seu objetivo bem delimitado; e a elaboração tenta não sair desse enquadramento, exceto para conseguir aclarar as elaborações topológicas do autor e suas referências inevitáveis.

---

[1] "Pois entendam que brinco com o cristal da língua para refratar do significante aquilo que divide o sujeito". LACAN, J. (1970) Radiofonia. In: LACAN, J. *Outros escritos*. Rio de Janeiro: Jorge Zahar Ed., 2003, p. 425. (N. do T.)

Se o inconsciente cifra, a interpretação decifra. *O aturdito* tenta — entre muitas outras coisas — abordar o que é a interpretação. Christian Fierens comenta que *O aturdito* é a forma primária que nos desvia da nossa semântica consciente; é emergência do inconsciente em sua dimensão de absensismo (*l'ab-sense*); ele abre para um além da significação corrente"[2].

Os parágrafos dedicados à topologia, único objeto deste guia, começam com uma frase — "Agora vem um pouco de topologia" (§23.1; AE469; OE470) — e estendem-se por umas quatro ou cinco páginas nas quais os possíveis efeitos da interpretação sobre a estrutura se desdobram. Depois, ocupa-se do lugar do discurso do analista em seu sistema dos quatro discursos e, pouco antes de concluir, volta a referir-se à topologia para assinalar a "imageria"[3] inevitável do seu dizer topológico, para dar a ele o seu lugar fantasístico, aquém do real para o qual aponta.

A preocupação de Lacan com a "estrutura" manifesta-se nesse texto quando ele se refere à estrutura da linguagem e à palavra. O grafo do desejo já ilustrava em sua parte inferior a "retroação" que deslinda o funcionamento simbólico da linguagem e os seus efeitos imaginários de significação, mas não deslinda o "real" em jogo — ex-sistente ao simbólico e ao imaginário — que, precisamente, J. Lacan quer mostrar com a sua referência à topologia.

Não ignoramos a advertência quanto à suposta perda em aderir à imageria das figuras para compreender, em toda a sua natureza, as estruturas topológicas que Lacan utiliza, nem tampouco o seu anseio de usar somente uma escrita para transmitir as relações entre os elementos das estruturações que ele nos transmite.

---

[2] FIERENS, C. (2002) *Lectura de L'étourdit*. Trad. R. Cevasco; J. Chapuis. Barcelona: Ediciones S&P, 2012.
[3] LACAN, J. (1970) Radiofonia. In: LACAN, J. *Outros escritos*. Rio de Janeiro: Jorge Zahar Ed., 2003, p. 477. (N. do T.)

Nossa aposta para este guia segue a via de, primeiro, imaginar a superfície — criá-la, desenhá-la, manipulá-la —, para apreender sua estrutura topológica e as relações que ela organiza, descontando depois o senão da imagem. Em certo sentido, essa via se contrapõe ao intento de J. Lacan, em *O aturdito*, de prescindir de imagens.

Tomamos então a via do "abuso imaginário", da *imageria*, a via da ilustração. Mediante uma variedade de figuras e desenhos realizados com propostas distintas e técnicas variadas, pretendemos que a *imageria* deslize e cada leitor se encaminhe, assim, para a compreensão da estrutura que eles representam: seu "estofo" topológico, que — como J. Lacan assinala nesse mesmo texto — bem poderia se expressar em pura álgebra.

Não pretendemos, então, explicar o texto, mas ilustrá-lo e comentá-lo; transmitir esse ledo gozo do nosso trabalho para eventualmente suscitar, nos leitores que queiram nos acompanhar, esse "gozo da decifração". O mesmo vale para a topologia, que rompe com a ilusão de poder falar d'*a* linguagem, ou seja, de considerá-la um elemento que se poderia universalizar, como tenta a linguística.

Em todo caso, fomos conduzidos pelo propósito de colaborar com a intenção, explicitada por J. Lacan nesse mesmo texto, a respeito do destino que a sua topologia possa ter: de que ela possa ser utilizada na prática clínica.

Durante vários anos abordamos a prática de leitura desse texto pela via de traduzi-lo no Ateliê L'Etd, no âmbito do Centro de Investigação Psicanálise & Sociedade. No referido ateliê participaram, até sua conclusão: Roser Casalprim, Rithée Cevasco (coord.), Jorge Chapuis (coord.), Laura Frucella, Alicia García Fernández, Ana Cecilia González, Laura Kait e Liliana Montanaro. O centro P&S conta com um amplo *dossiê* do seu Ateliê L'Etd, incluindo notas e uma versão em castelhano de circulação interna. A versão em castelhano das citações de *O aturdito* presentes deste guia baseia-se no trabalho realizado nesse ateliê, trabalho que modificamos durante a redação deste guia para oferecer uma alternativa a outras versões existentes[4].

O aturdito foi publicado pela primeira vez no número 4 da revista *Scilicet* (1973), revista da École Freudienne de Paris [Escola Freudiana de Paris]. Depois da morte de J. Lacan, ele foi publicado na recompilação realizada por Jacques-Alain Miller, intitulada *Autres écrits* [*Outros escritos*]. Também se encontra em diversos arquivos e bibliotecas digitais.

Em castelhano estão disponíveis as versões autorizadas: "El atolondradicho", em *Escansión*, n. 1 (Buenos Aires, 1984), tradução de J.-L. Delmont-Mauri, Diana Rabinovich e Julieta Sucre; e "El atolondradicho", em *Otros escritos* (Buenos Aires, 2012), tradução e revisão de Graciela Esperanza, com a colaboração de Diana Ravinovich. Também há algumas versões não autorizadas que circulam em diferentes agremiações psicanalíticas. Os dados bibliográficos das versões publicadas de *O aturdito* (em francês e em castelhano) aparecem na bibliografia ao final deste livro, junto das referências de outras obras citadas.

Para facilitar a localização nas distintas versões, utilizamos uma notação que indica a seção e o parágrafo aos quais pertence a citação: por exemplo, a referência §23.2 indica o 2º parágrafo dentro do 23º grupo de parágrafos (ou seção). Nos originais em francês, *Scilicet* e *Autres écrits*, os parágrafos iniciam-se com recuo e as seções são separadas por uma linha em branco. A notação que utilizamos é muito conveniente porque se aplica às diversas versões de

---

[4] No lugar dos textos em castelhano — que, no original, acompanham os originais em francês —, constam nesta tradução versões feitas diretamente a partir do original francês. Isso, evidentemente, sem deixar de considerar, em cotejo, as opções feitas pela tradução castelhana de que fala o autor. (N. do T.)

O aturdito, quer em francês ou noutras línguas; ela permite localizar as citações em qualquer versão do texto que se esteja utilizando.

Neste GUIA, as citações de *O aturdito* são trazidas com o parágrafo e os números de página em francês e em castelhano, codificados segundo este exemplo: (§23.1; AE469; OE493), onde o primeiro número indica seção e parágrafo; o seguinte, a página dos *Autres écrits* (francês); e o terceiro, a página do *Otros escritos* (castelhano)[5], que são as versões mais difundidas. Enfatizamos com negrito essas citações literais para diferenciá-las de outras citações entre aspas.

As diferenças entre a primeira versão de *O aturdito*, publicada em *Scilicet*, e a posterior, dos *Autres écrits*, são mínimas: um salto de seção eliminado (mudança de §14.21 para §15.1), que, por ter coincidido com uma mudança de página (460 a 461), pode confundir; um espaço eliminado que condensa uma palavra com o seu artigo (*le dit > ledit*); um hífen suprimido (*autrement-dit > autrement dit*); um *analyse* que virou *analyste*... Na versão dos *Otros escritos*, em castelhano, respeitaram-se menos os parágrafos do original.

A seção "Referências bibliográficas" (p. 203) registra as obras citadas especificando os dados bibliográficos correspondentes que evitamos nas notas de rodapé.

Não podemos deixar de assinalar o grande auxílio prestado pelo magnífico e detalhado livro *Lecture de L'étourdit* [Leitura de *L'étourdit*], de Christian Fierens, publicado em castelhano pela editora S&P (editado e traduzido por R. Cevasco e J. Chapuis). Tal como esse autor muito adequadamente assinala, o texto *O aturdito* organiza-se em duas partes (que cumpre considerar como dois giros): no primeiro giro, trata-se do significante e da ausência da

---

[5]Nesta tradução, a paginação da versão brasileira, realizada por Vera Ribeiro: *Outros escritos* (Zahar, 2003). (N. do T.)

relação sexual; no segundo, trata-se da interpretação e do discurso do analista. Essa segunda parte, precisamente, começa com os parágrafos referentes à topologia, dos quais este GUIA se ocupa.

Queremos documentar com este guia uma prática de leitura que não se fecha em si mesma, pois conduz indefectivelmente à borda do "não todo", a este *pas tout/pas-toute* (sabemos da sua afinidade com a chamada "posição feminina") que é o novo enigma ao qual Lacan tenta responder fazendo ressurgir a pergunta que, outrora, a Esfinge formulou a Édipo.

RITHÉE CEVASCO / JORGE CHAPUIS

1 | Um pouco de topologia

Un peu de topologie vient maintenant.
(§23.1; AE469; OE470)

Agora vem um pouco de topologia.

A segunda parte de *O aturdito*, dedicada à interpretação e ao discurso do psicanalista, começa com essa frase para então passar para a apresentação das superfícies topológicas, com suas operações de cortes, suturas e transformações. O recurso não é novo, ele já o havia utilizado antes e voltará a utilizá-lo depois em diversas ocasiões. Lacan, desde o início do seu ensino, recorreu às estruturas topológicas — num primeiro período, com seus esquemas e grafos; a partir de 1961, utilizando as superfícies e, depois de 1972, os nós — para cingir o campo da prática psicanalítica e definir as relações entre as noções que ele emprega. J. Lacan não deixa um modo de formalização por outro, mas os reporta uns aos outros; ele os relaciona, os apresenta — em muitos casos, de um modo que se explicam entre si —, inclusive com as suas fórmulas algébricas.

O aturdito data de 14 de julho, verão de 1972, entre o seu seminário *...ou pior* e as suas aulas em Sainte-Anne, *O saber do psicanalista* (1971-1972) e *Mais, ainda* (1972-1973) — momento em que Lacan descobre o nó borromeano e começa a desenvolver a sua escrita nodal.

A apresentação topológica que encontraremos nesses parágrafos de *O aturdito* é uma espécie de recapitulação e ordenamento das suas superfícies topológicas, ajustadas à interpretação na experiência analítica (cf. uma breve resenha do seu percurso topológico no Anexo 1, p. 181).

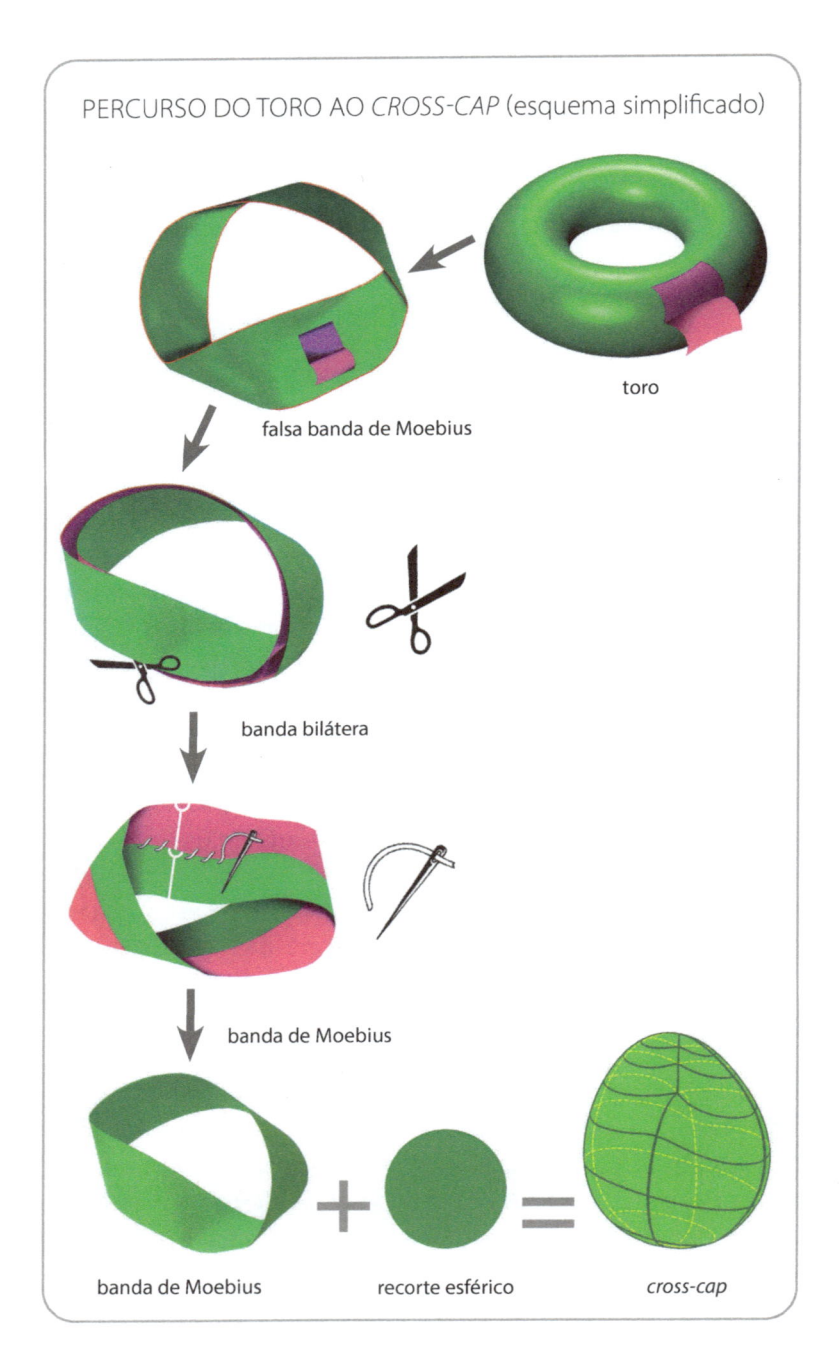

PERCURSO DO TORO AO *CROSS-CAP* (esquema simplificado)

toro

falsa banda de Moebius

banda bilátera

banda de Moebius

banda de Moebius + recorte esférico = *cross-cap*

Como se pode acompanhar no esquema da página 22, veremos que as superfícies — mediante cortes, suturas e adições — transformam-se umas nas outras: o toro perde o seu "inchaço", a cinta de duas faces se converte em banda de Moebius, constrói-se o *cross-cap* adicionando um recorte esférico. O texto de Lacan expõe tudo detalhadamente, mas, por estar concentrado em poucos parágrafos, é bastante denso — ainda que, no entanto, muito preciso.

A transformação das superfícies delineia um caminho para a experiência analítica. Essa espécie de bricolagem vai induzir a imaginarizar as transformações que a análise pode produzir.

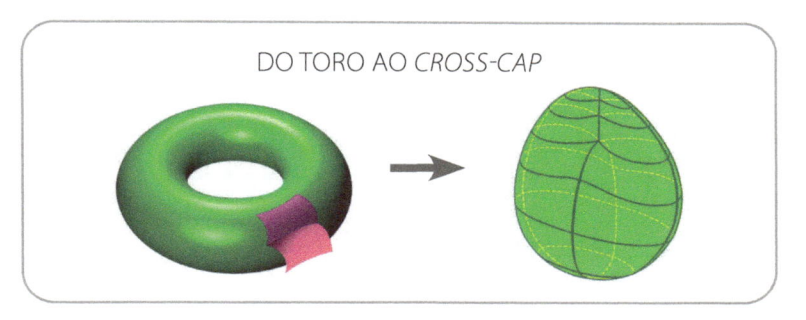

DO TORO AO *CROSS-CAP*

Essa *bricolagem topológica* inicia-se com o toro e termina no *cross-cap*, passando pelas superfícies intermediárias que apresentamos no esquema simplificado. Para passar de uma a outra, são requeridos passos intermediários que *O aturdito* descreve detalhadamente. Descreveremos cada passo que organizamos em quatro etapas para a sua melhor compreensão.

1ª Etapa: esvaziamento e pinçamento do toro (p. 26)
2ª Etapa: corte sobre a falsa banda de Moebius (p. 34)
3ª Etapa: costura da banda bilátera (p. 44)
4ª Etapa: criação do *cross-cap* (p. 81)

Seguiremos detalhadamente o texto de J. Lacan, indicando as operações das quatro etapas.

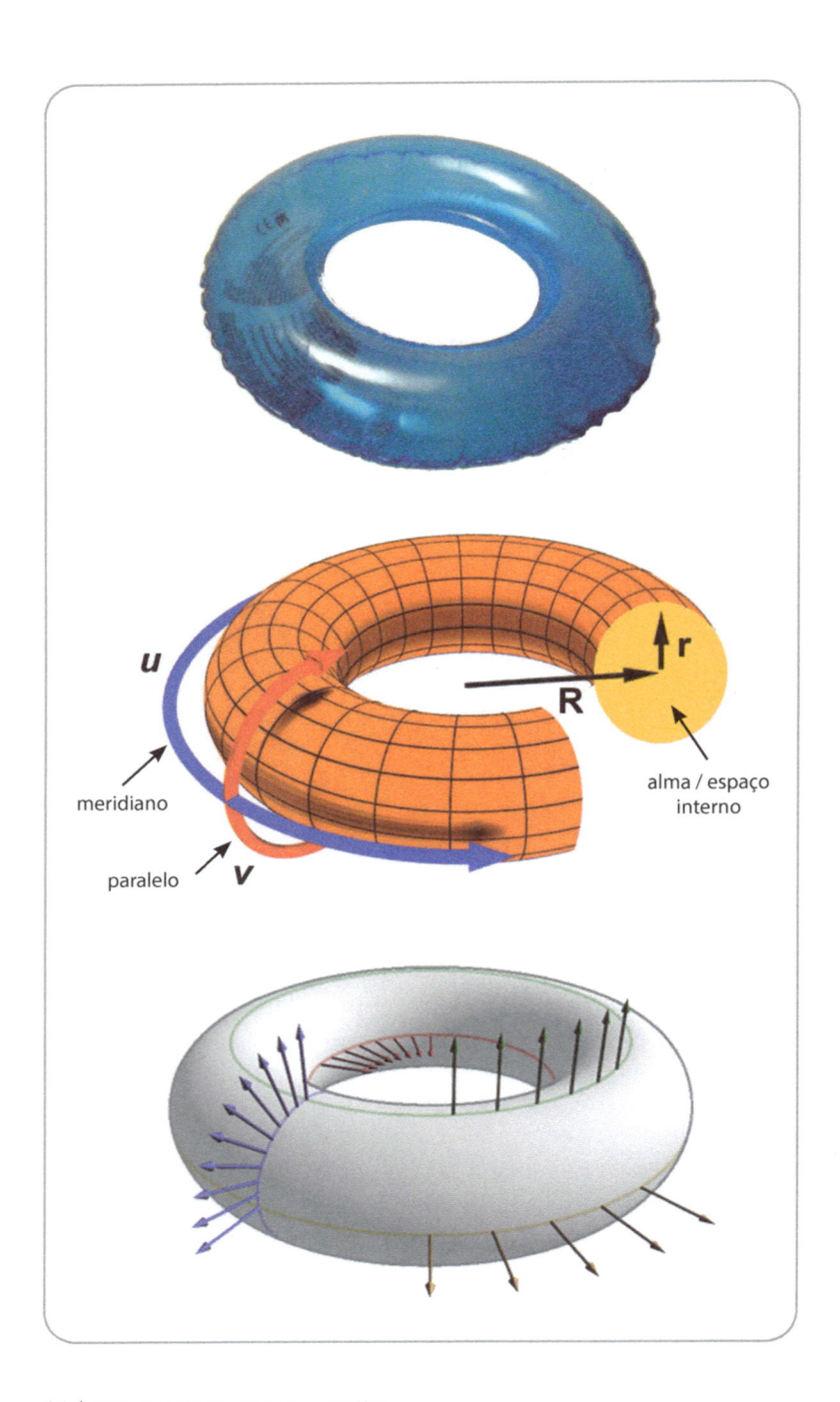

meridiano

paralelo

u

v

R

r

alma / espaço
interno

2 | Do toro à falsa banda de Moebius

Vejamos a manipulação ou o *tratamento* do toro:

> *Prenons un tore (une surface formant "anneau").*
> *Il saute aux yeux qu'à le pincer entre deux doigts*
> *tout de son long à partir d'un point pour y revenir,*
> *le doigt d'en haut d'abord étant en bas enfin,*
> *c'est-à-dire ayant opéré un demi-tour de torsion*
> *durant l'accomplissement du tour complet du*
> *tore, en obtient une bande de Mœbius: à condition*
> *de considérer la surface ainsi aplatie comme*
> *confondant les deux lames produites da surface*
> *première. C'en est à ce que l'évidence s'homologue*
> *de l'évidement.* (§23.2; AE469; OE470)

> **Tomemos um toro (uma superfície que forma um "anel"). Salta aos olhos que, ao pinçá-lo de comprido entre dois dedos a partir de um ponto e voltando a ele — o dedo que estava em cima, no início, ficando embaixo, no final, isto é, executando meia volta de torção ao realizar a volta completa do toro —, obtém-se uma banda de Moebius; contanto que se considere a superfície assim achatada como confundindo as duas lâminas produzidas pela primeira superfície. É que o evidenciamento se homologa com o esvaziamento.**

A série de operações ou manipulações que J. Lacan desfralda nesses parágrafos começa com um toro. Por que partir de um toro? A resposta pode ser encontrada uns parágrafos adiante, "[...] **um toro é a estrutura da neurose** [...]" (§32.9) — como ele havia afirmado, dez anos antes, em seu *Seminário 9: A identificação* (cf. p. 158 deste volume); e repetido, posteriormente, em diversas ocasiões.

De um ponto de vista exclusivamente topológico, cumpre considerar o toro como uma superfície situada dentro do grupo mais amplo das superfícies esféricas, isto é, fechadas e sem bordas (cf. Anexo 1, p. 188).

O toro — além de não ter bordas, como as outras superfícies esféricas — tem duas faces: a externa (em verde), que separa a superfície do espaço exterior; e a interna (em roxo), que o separa da "alma" ou espaço interno. Para o nosso propósito será muito útil colorir essas duas faces com cores diferentes, tornando-as visíveis, imaginando uma janela aberta na superfície para ver o interior do toro.

1ª ETAPA: ESVAZIAMENTO E PINÇAMENTO DO TORO

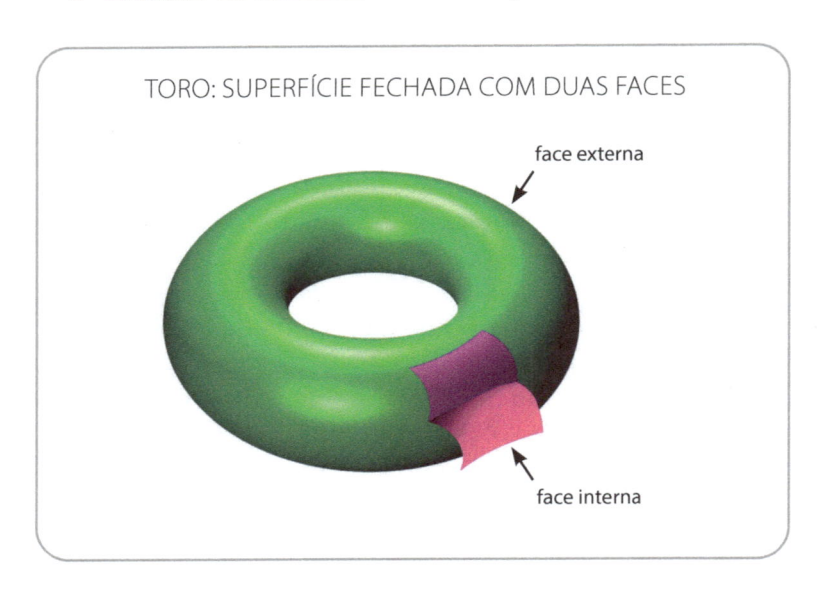

TORO: SUPERFÍCIE FECHADA COM DUAS FACES

face externa

face interna

Essa primeira etapa é descrita no parágrafo §23.2 e consiste somente num *desinchamento* do toro e uma deformação. Não implica nenhum corte: apenas extraímos o ar de dentro (se o imaginamos como uma boia), o esmagamos, o desinchamos, aplanamos o espaço interno, fazemos com que desapareça a *alma* do toro.

A partir de um toro achatado, aplanado, desinchado, esvaziado da *alma* que o infla, vai se conseguir uma banda de Moebius fictícia.

Façamos a operação em dois passos.

Primeiro passo: Esvaziamento ou desinchamento do toro

Pode-se imaginar uma boia ou uma câmara de ar da qual se tirou todo o ar; ao desinflá-la, consegue-se uma superfície plana, com a aparência de um disco, na qual aparecem umas pseudobordas que correspondem ao "paralelo" maior e ao menor do toro. Os "meridianos" se converterão em linhas que passam pelas bordas de uma face à outra. A superfície adquire a aparência de uma lâmina dupla.

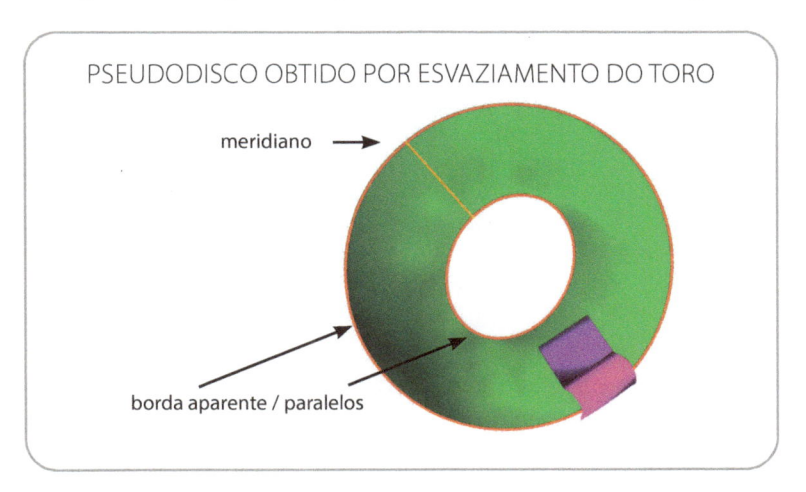

PSEUDODISCO OBTIDO POR ESVAZIAMENTO DO TORO

meridiano →

borda aparente / paralelos

Segundo passo: Pinçamento e deslizamento

Lacan se expressa assim: "**Salta aos olhos que, ao pinçá-lo de comprido entre dois dedos a partir de um ponto e voltando a ele — o dedo que estava em cima, no início, ficando embaixo, no final, isto é,**

executando meia volta de torção ao realizar a volta completa do toro — [...]”.

Apesar de ser uma única lâmina dobrada sobre si mesma, em cada ponto contamos com duas lâminas que podem deslizar uma sobre a outra, de modo que podemos conformar uma borda distinta percorrendo toda a superfície enquanto deslizamos as lâminas mantendo os "meridianos" como uma linha, ao mesmo tempo em que se vai torcendo a lâmina dupla.

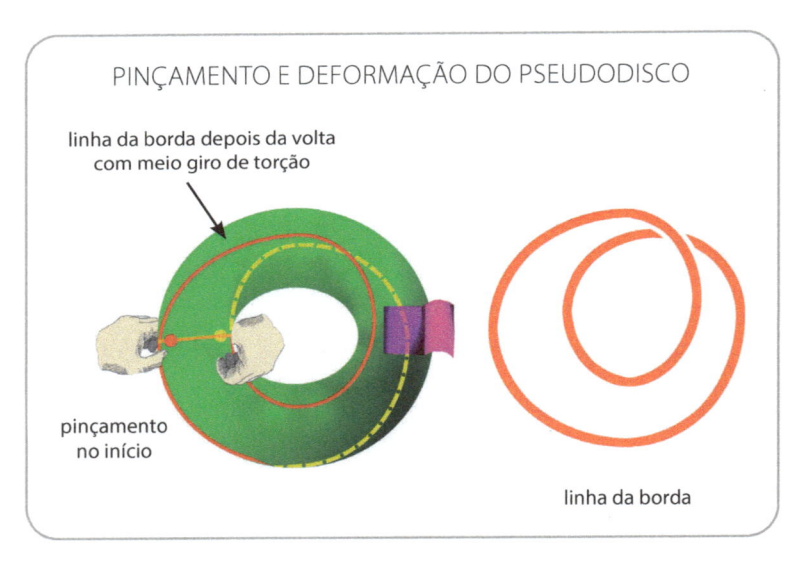

Lacan descreve o pinçamento como utilizando "**dois dedos**". Para realizá-lo na prática, resulta conveniente assinalar o ponto onde primeiro se apoiam os dedos e o ponto onde terminará o meio giro de torção (um de cada lado de um "paralelo" do pseudodisco). Inclusive facilita a operação desenhar sobre o toro a linha que será a borda da banda. Ao final da volta ao toro os dedos vão ficar invertidos (no lado em que estava o polegar, a princípio, depois estará o indicador — e vice-versa), o que demonstra que depois da volta produziu-se uma torção de 180°, ou "**meia volta de torção**", da lâmina dupla.

Ressaltamos que Lacan utiliza o mesmo termo (*tour*) para se referir às voltas ao redor do furo central e às voltas ao redor da alma do toro, que são as que provocam a torção — e que, às vezes, chamamos de "giro". Produzimos uma banda de Moebius, falsa, aparente, **"fingida"** (*"feinte"*, dirá adiante), visto que a superfície continua sendo um toro. A estrutura topológica é a mesma do toro inicial. Não há transformação topológica; é a mesma *superfície esférica*, no sentido topológico do termo (sem bordas e com duas faces). Para produzir essa falsa banda de Moebius não foi suficiente o esvaziamento, foi preciso tornar plano o tubo do toro e realizar o deslizamento das lâminas com a conseguinte torção. Insistimos: nesta primeira etapa a superfície se mantém topologicamente invariável.

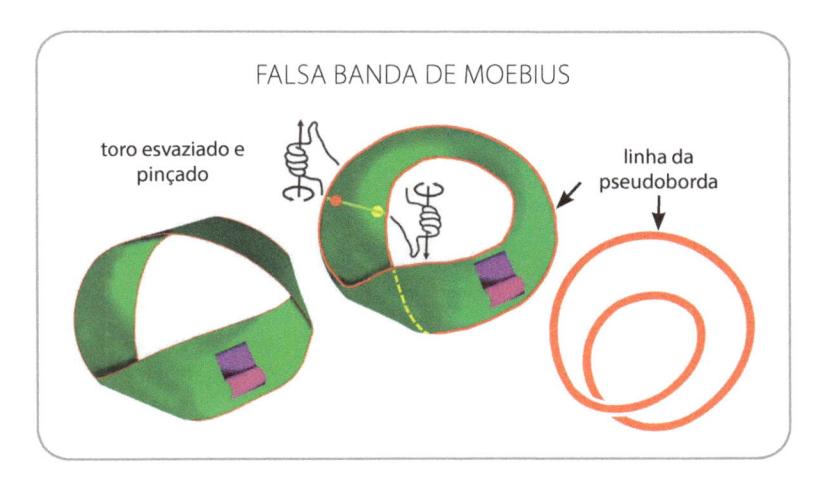

FALSA BANDA DE MOEBIUS

toro esvaziado e pinçado

linha da pseudoborda

Seguindo a nova borda e dando uma volta a mais, volta--se ao ponto inicial com outro giro de meia torção. Note-se que essa borda aparente traça uma trajetória de duas voltas em forma de oito interior, constituindo um trajeto que tem a mesma torção que uma banda de Moebius.

O processo tem seus efeitos; o toro esvaziado, desinchado e torcido funciona — em muitos aspectos — como uma banda de Moebius, ainda que possa voltar a inflar-se e retornar ao estado inicial, visto que não houve modificação da estrutura.

O que aconteceu? Demos uma volta completa ao redor do eixo do toro e realizamos *meia volta de torção*, isto é, um giro de 180° ao redor do tubo do toro. Essa operação é equivalente à construção de uma banda de Moebius cortando uma fita, girando e colando.

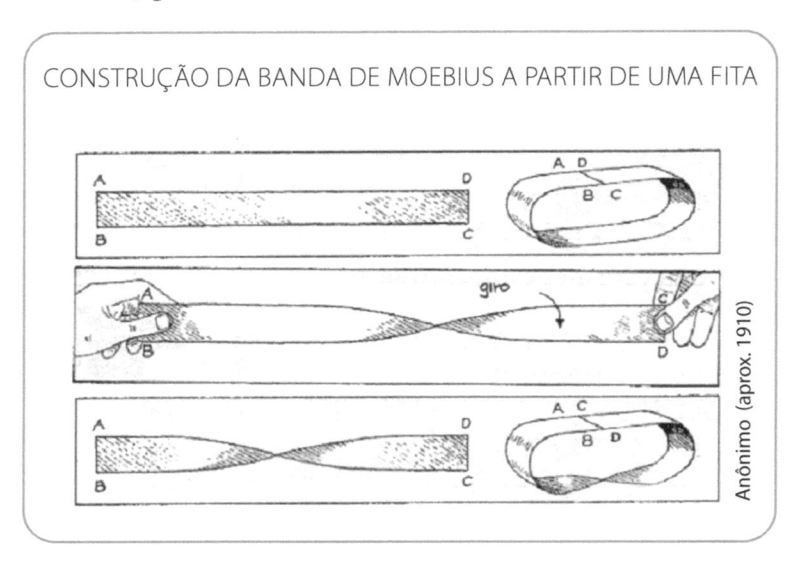

CONSTRUÇÃO DA BANDA DE MOEBIUS A PARTIR DE UMA FITA

Anônimo (aprox. 1910)

Lacan conclui o parágrafo com a frase: *"C'en est à ce que l'évidence s'homologue de l'évidement"*. Em francês os dois termos que sublinhamos têm como referência o vazio: évidence (evidência) e évidement (esvaziamento). Entenda-se então como: "É que o **evidenciamento** [do vazio] **se homologa com o esvaziamento**". A frase pode ser escutada em consonância com o necessário esvaziamento da demanda no tratamento.

São bem conhecidas as numerosas referências na obra de Lacan que situam a demanda como a espiral de voltas, a serpente que morde a cauda, que se enrosca seguindo o tubo do toro para se fechar na volta do desejo em torno do furo central.

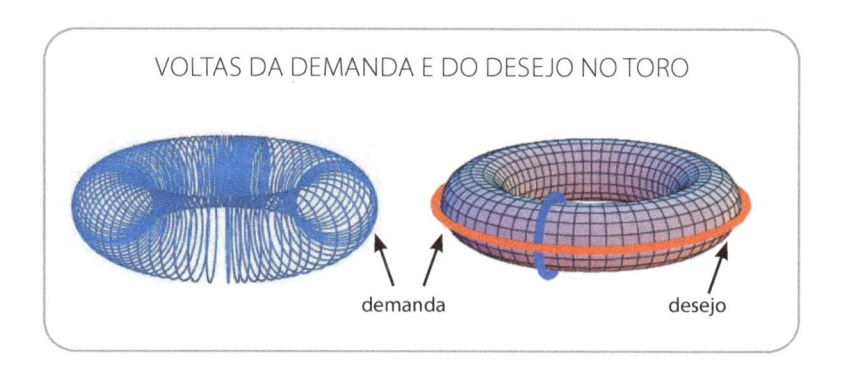

VOLTAS DA DEMANDA E DO DESEJO NO TORO

demanda   desejo

Em 1962, J. Lacan apresenta esta estruturação no seu *Seminário 9: A identificação*:

> Eis aqui, então, a série de voltas que fazem, na repetição unária, com que o que retorne seja o que caracteriza o sujeito primário em sua relação significante de automatismo de repetição. Por que não levar a bobinagem até o fim, até que essa cobrinha de bobina morda a cauda? [...] na medida em que o sujeito percorre a sucessão de voltas, ele necessariamente se enganou, se equivocou por 1 em sua conta. Vemos aqui reaparecer o -1 inconsciente em sua função constitutiva. (*Seminário 9: A identificação*, aula 12, 07/03/62)

Posteriormente, evoca o momento do achado em várias oportunidades:

> No meu seminário sobre *A identificação*, mostrei o valor exemplar que o toro podia ter para ligar, de uma maneira estruturalmente dogmatizável, a função da demanda e a do desejo no nível da descoberta freudiana propriamente falando, a saber: do neurótico e do inconsciente. (*Seminário 13: O objeto da psicanálise*, aula 3, 15/12/1965)

Sempre assinalando a importância que ele tem para operar no tratamento:

Aquilo a que, por fim, a topologia do toro vem dar suporte é — imagetizando-nos, permitindo com que intuamos — essa divergência que se produz entre o enunciado da demanda e a estrutura que a divide e que se chama "desejo". É, para nós, uma forma de dar suporte àquilo que uma experiência, cujos pressupostos subjetivos têm de ser aprofundados, nos proporciona. (*Seminário 13: O objeto da psicanálise*, aula 6, 12/01/1966)

O passo seguinte será demostrar como, partindo do esvaziamento e do pinçamento, se pode conseguir uma banda de Moebius — não falsa, mas verdadeira.

3 | Pode-se fazer algo mais com o toro neurótico

Como conseguir uma banda de Moebius "verdadeira" a partir do toro? Para quê? Por quê? O caminho de uma psicanálise passa pela produção do sujeito do inconsciente em sua divisão ($, banda de Moebius verdadeira). Em todo caso, a *falsa banda de Moebius* poderá ser um passo intermediário, uma condição para que possa emergir o $ a partir da diferenciação entre enunciado e enunciação: corte no dito, manifestações evanescentes das formações do inconsciente.

DO TORO À BANDA DE MOEBIUS VERDADEIRA

Lacan começa assim o parágrafo seguinte: "**Vale demonstrá-la de maneira menos grosseira**" (§23.3).

Convém, então, produzir a banda de Moebius com mais sutileza, com mais finura. Vale dizer, partindo do toro (superfície com duas faces), conseguir a banda de Moebius verdadeira de uma lâmina com uma só face.

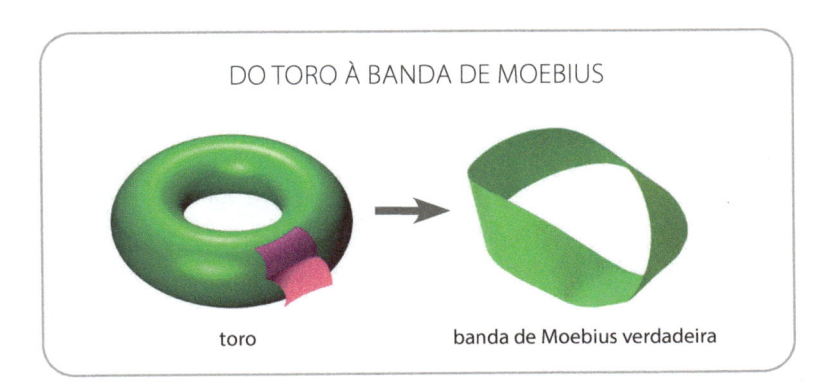

DO TORO À BANDA DE MOEBIUS

toro

banda de Moebius verdadeira

Para produzir a autêntica banda de Moebius não será suficiente o esvaziamento da demanda — ainda que isso seja necessário —; vai ser preciso fazer um *corte* no toro esvaziado. Cortes que fazem emergir a diferença enunciado / enunciação (palavra vazia / palavra plena, no linguajar da época) mediante a utilização do equívoco ou de outros instrumentos que afetem a textura significante do toro neurótico: "afinal, podemos nos acreditar obrigados a girar eternamente nesse ciclo de dois termos — um desdobrado, outro mascarado — da demanda e do desejo" (*Seminário 13: O objeto da psicanálise*, aula 6, 12/01/1966).

2ª Etapa: corte sobre a falsa banda de Moebius

Levar o toro à banda de Moebius verdadeira comporta esvaziamento, corte e, então, costura. A operação topológica de esvaziamento do toro já foi descrita no parágrafo §23.2; a segunda etapa será realizar um corte no toro desinchado, o que produzirá uma banda de duas faces (descrita em §23.3), para posteriormente conseguir a banda de Moebius verdadeira por meio da costura ou cerzido da banda de duas faces consigo mesma.

A descrição do parágrafo §23.3 é precisa e exaustiva:

> *Il vaut da démontrer de façon moins grossière. Procédons d'une coupure suivant le bord de la bande obtenue (on sait qu'il est unique). Il est facile de voir que chaque lame, dès lors séparée de celle qui la redouble, se continue pourtant justement dans celle-ci. De ce fait, le bord pris d'une lame en un point est le bord de l'autre lame quand un tour l'a mené en un point conjugué d'être du même "travers", et quand d'un tour supplémentaire il revient à son point de départ, il a, d'avoir fait une double boucle répartie sur deux lames, laissé de côté une autre double boucle qui constitue un second bord. La bande obtenue a donc deux bords, ce qui suffit à lui assurer un endroit et un envers.* (§23.3; AE469; OE470-1)

Vale demonstrar de maneira menos grosseira. Procedamos por um corte que acompanhe a borda da banda obtida (sabemos que essa borda é única). É fácil ver que cada lâmina — então separada daquela que a redobra — continua, entretanto, justamente nesta. Por conta disso, a borda de uma lâmina segurada em um ponto é a borda da outra, quando levada por uma volta a um ponto conjugado, por ser do mesmo "traverso"; e quando, por uma volta suplementar, ela retorna ao seu ponto de partida, deixa de lado — por ter feito um fecho duplo, dividido em duas lâminas — um outro fecho duplo que constitui uma segunda borda. A banda obtida tem duas bordas, portanto, o que basta para lhe assegurar um direito e um avesso.

Primeiro se indica como deve ser esse corte, que não é qualquer: "**Procedamos por um corte que acompanhe a borda da banda obtida (sabemos que essa borda é única)**".

Será preciso perfurar a superfície e deslizar o instrumento (por exemplo, uma tesoura) seguindo a trajetória da falsa borda da falsa banda de Moebius — aquela curva que já precisamos como sendo de dupla volta em forma de oito interior, que implica a torção que a estrutura.

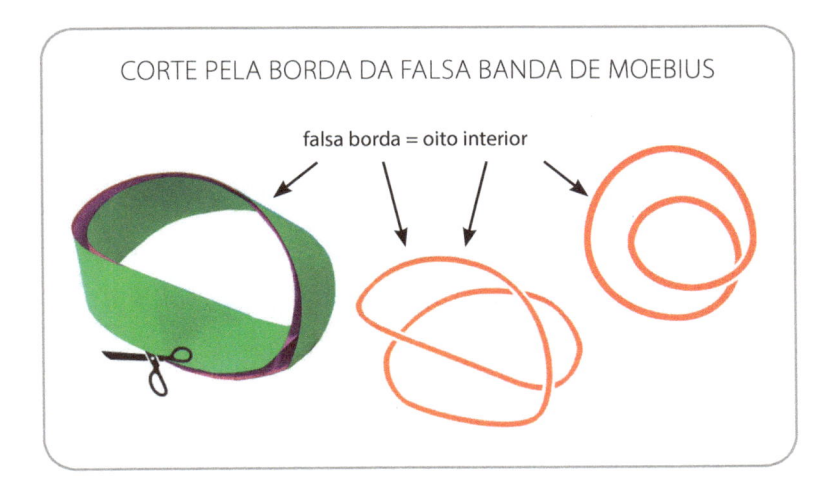

CORTE PELA BORDA DA FALSA BANDA DE MOEBIUS

falsa borda = oito interior

Podemos seguir os passos do corte mantendo as nossas duas cores (roxo para a face interna e verde para a externa da superfície tórica). A banda que se obtém mostra a evidência da sua bilateralidade — quer dizer, das suas duas faces. Verifica-se que o toro se transformou verdadeiramente em outra superfície. Obtém-se, assim, uma banda bilátera.

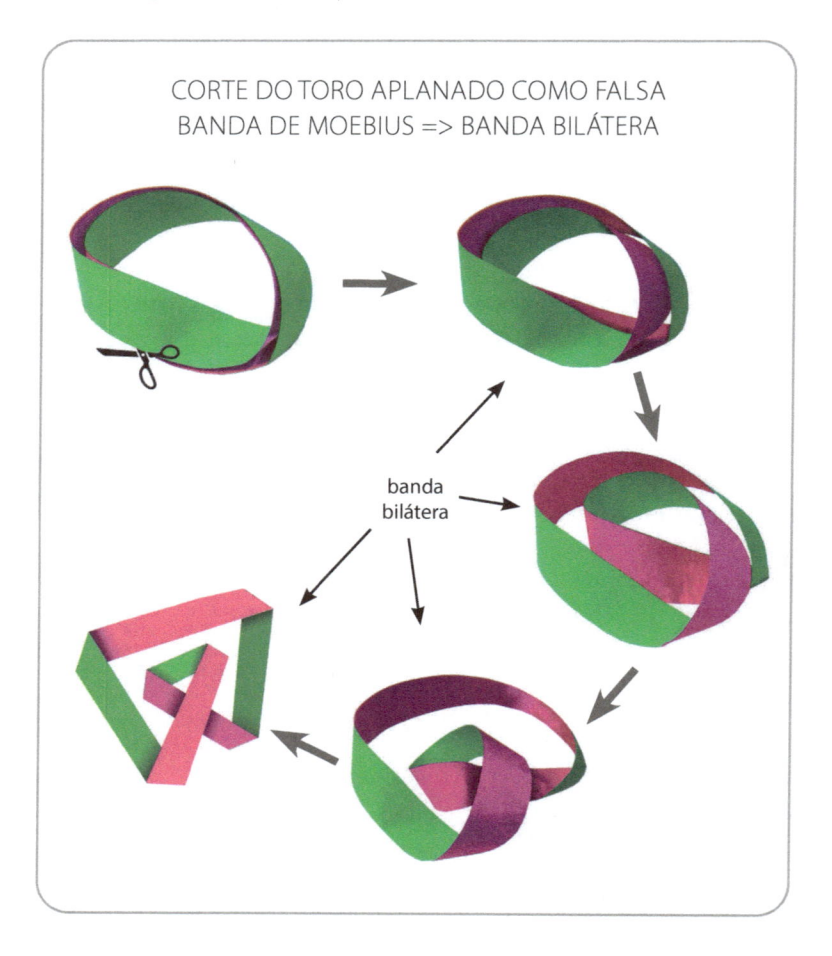

CORTE DO TORO APLANADO COMO FALSA
BANDA DE MOEBIUS => BANDA BILÁTERA

banda
bilátera

Com esse corte a estrutura topológica *mudou radicalmente*: "**A banda obtida tem duas bordas, portanto, o que basta para lhe assegurar um direito e um avesso**".

Esclarecimentos sobre a banda bilátera

É conveniente fazer alguns esclarecimentos para facilitar a compreensão de desenvolvimentos posteriores.

Esta fita bilátera, ou banda de duas faces, J. Lacan a denomina *banda bipartida,* visto que se pode obtê-la também por um corte da banda de Moebius, ainda que aqui a consigamos a partir da falsa banda de Moebius. Se se realiza essa operação na prática, convém fazer algumas manipulações sobre a fita para obter distintas versões da mesma banda bilátera que nos permitirão visualizar algumas das suas características.

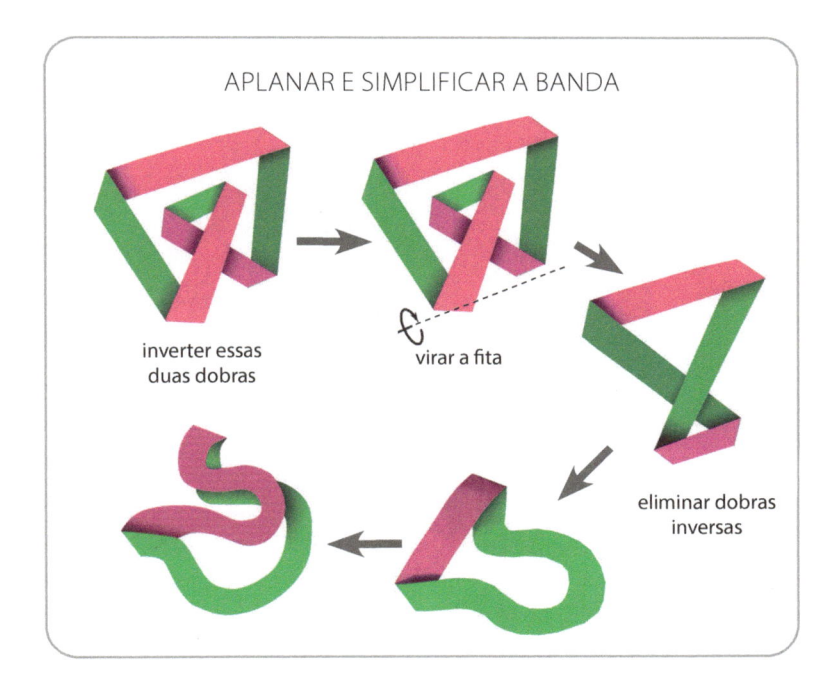

APLANAR E SIMPLIFICAR A BANDA

inverter essas duas dobras

virar a fita

eliminar dobras inversas

Aplanada, e utilizando cores, a fita permite verificar se tem uma ou duas faces. Para quantificar a torção, pode-se desenhar uma representação *plana simplificada* onde *cada dobra* represente *uma meia volta de torção* — visualizando, ao mesmo tempo, as faces da fita e as bordas.

Como dissemos, trata-se de uma fita (banda) bilátera. Ela tem duas faces e duas bordas, nisso sendo idêntica a uma fita cilíndrica simples, mas diferenciando-se dela pelo fato de que a fita está torcida: uma volta (um giro de 360º) que é equivalente a duas meias voltas de torção (cada giro de 180º). A torção concentra-se nas dobras das fitas aplanadas, e na representação simplificada cada dobra representa *uma meia volta de torção* (cf. "A5 — Representação das bandas", p. 197).

Essas dobras correspondem ao giro de meia volta que é preciso dar ao retângulo de papel, para construir a banda de Moebius, e à volta completa (duas meias voltas), para construir a banda bilátera.

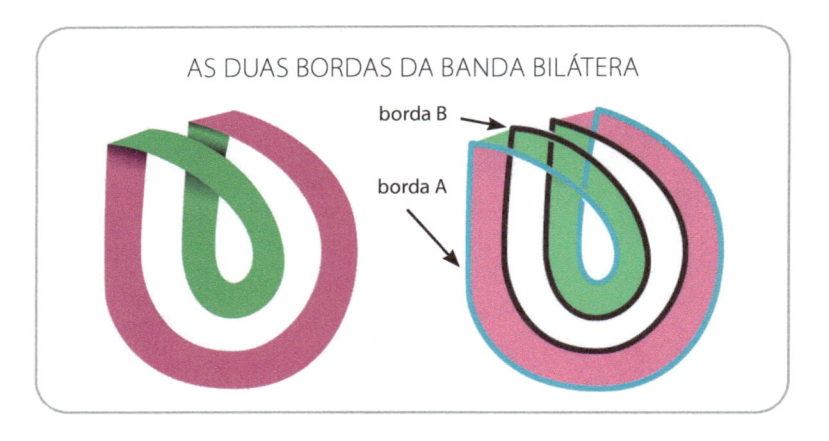

AS DUAS BORDAS DA BANDA BILÁTERA

borda B

borda A

Os desenhos mostram a banda bilátera na representação que chamamos de "simplificada" e que alguns comentadores (como Christian Fierens) utilizam para ilustrar algumas operações propostas por Lacan. Utilizamos uma cor distinta (azul claro e preto) para salientar as duas bordas (A e B) da "banda bilátera".

Para argumentar as mudanças que se produzem na superfície devido ao corte e a outras manipulações, J. Lacan oferece neste parágrafo (§23.3) de *O aturdito* um procedimento que, como elemento principal da explicação, utiliza "um ponto" da superfície, seu "conjugado" e seu "traverso": nós o chamamos de "prova pelo ponto". Esse tipo de *prova* também será utilizado adiante para demostrar a transformação da banda bilátera em banda de Moebius verdadeira através de costura.

A PROVA PELO PONTO

A prova supõe dois passos:

1. "[...] **cada lâmina — então separada daquela que a redobra — continua, entretanto, justamente nesta [...]**", e
2. "[...] **a borda de uma lâmina segurada em um ponto é a borda da outra, quando levada por uma volta a um ponto conjugado, por ser do mesmo "traverso"; e quando, por uma volta suplementar, ela retorna ao seu ponto de partida**". Assinalamos no desenho "**um ponto**" e seu "**conjugado**", o que permite descrever a separação em duas bordas e identificar com clareza as duas faces da fita.

A imagem seguinte mostra o "**um ponto**", na face verde; seu "**conjugado**", também na face verde da fita; seu "**traverso**", na face roxa; e uma visão do conjunto no momento depois do corte.

LOCALIZAÇÃO DE UM PONTO, SEU TRAVERSO E SEU CONJUGADO

"um ponto"
visão face externa

"traverso"
visão face interna

"um ponto" e "traverso"

"conjugado"

Uma vez definido "**um ponto**" e "**seu conjugado**", poderemos seguir com clareza as distintas transformações da superfície, localizando a posição desses pontos nas distintas representações da fita bilátera. Esse procedimento é muito recomendável para a prática dessas operações em papel.

A conclusão é: "**A banda obtida tem duas bordas, portanto, o que basta para lhe assegurar um direito e um avesso**" (cf. Anexo 4 – "Direito, avesso e través", p. 195).

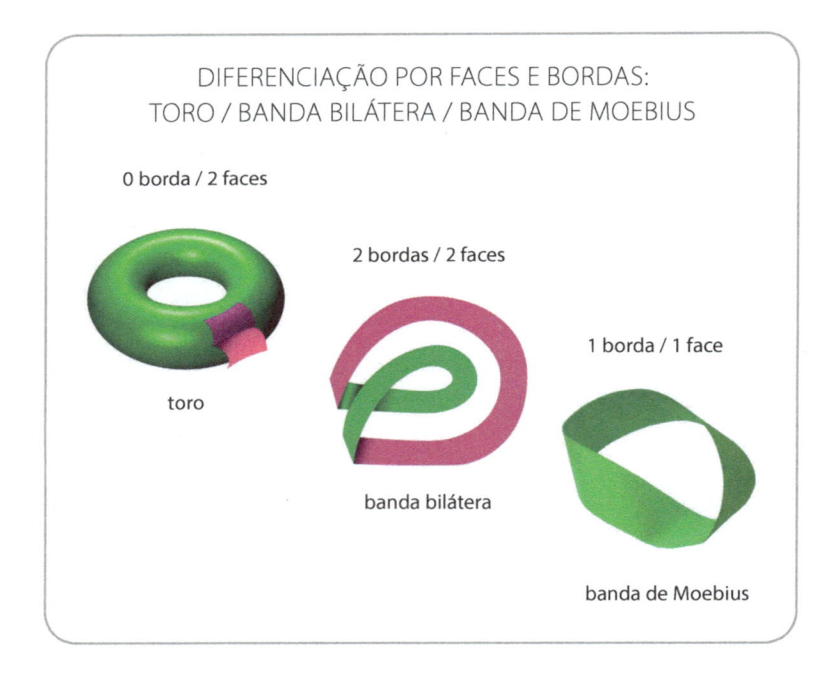

DIFERENCIAÇÃO POR FACES E BORDAS:
TORO / BANDA BILÁTERA / BANDA DE MOEBIUS

0 borda / 2 faces

2 bordas / 2 faces

1 borda / 1 face

toro

banda bilátera

banda de Moebius

A BANDA BILÁTERA NÃO É UMA BANDA DE MOEBIUS

A prova pelo ponto, que consistiu em fixar esse ponto onde começa (e termina) o corte, permite uma dupla conclusão:

1. A banda bilátera conseguida com esse corte é topologicamente heterogênea à superfície anterior ao corte — quer dizer, ao toro —; e
2. Essa banda tampouco é a banda de Moebius.

Após essa conclusão, Lacan dedica um curto parágrafo a precisar a relação topológica entre a banda bilátera e a falsa banda de Moebius — esta última homeomorfa ao toro original.

> *Son rapport à la bande de Mœbius qu'elle figurait avant que nous y fassions coupure, est... que la coupure l'ait produite.* (§23.4; AE470; OE471)

> Sua relação com a banda de Moebius, que ela figurava antes que fizéssemos o corte, é... que o corte a produziu.

O parágrafo parece responder a uma pergunta não formulada sobre essa fita bilátera: nós a conseguimos partindo de uma banda de Moebius? A pergunta é pertinente, visto que podemos obter a mesma superfície cortando pela mediana de uma banda de Moebius.

A nossa banda bilátera foi obtida mediante um corte no toro aplanado; ela não provém de uma banda de Moebius e se relaciona com ela porque é produto de um corte moebiano sobre o toro.

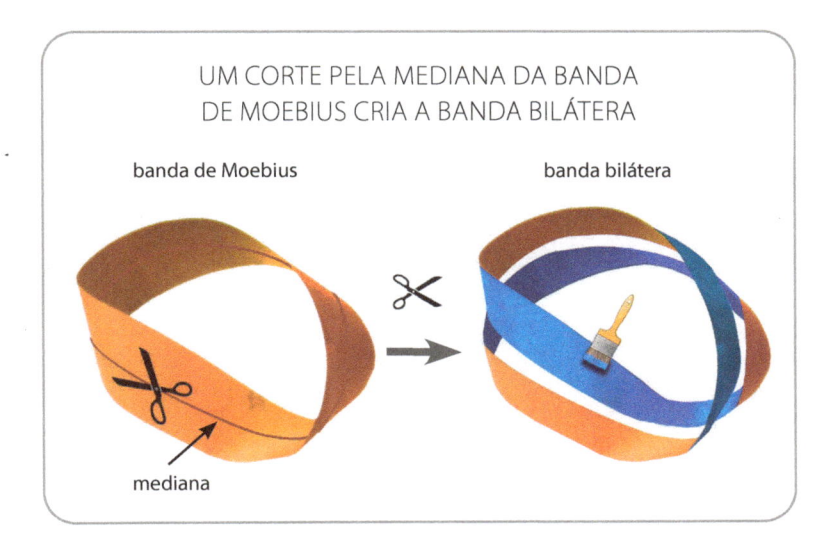

UM CORTE PELA MEDIANA DA BANDA
DE MOEBIUS CRIA A BANDA BILÁTERA

banda de Moebius

banda bilátera

mediana

Que Lacan dedique esse parágrafo a assinalá-lo é algo que valoriza especialmente a função do *corte* como ferramenta capaz de produzir uma transformação — nesse caso, transformar o toro numa banda bilátera. Veremos, a seguir, a operação *inversa*.

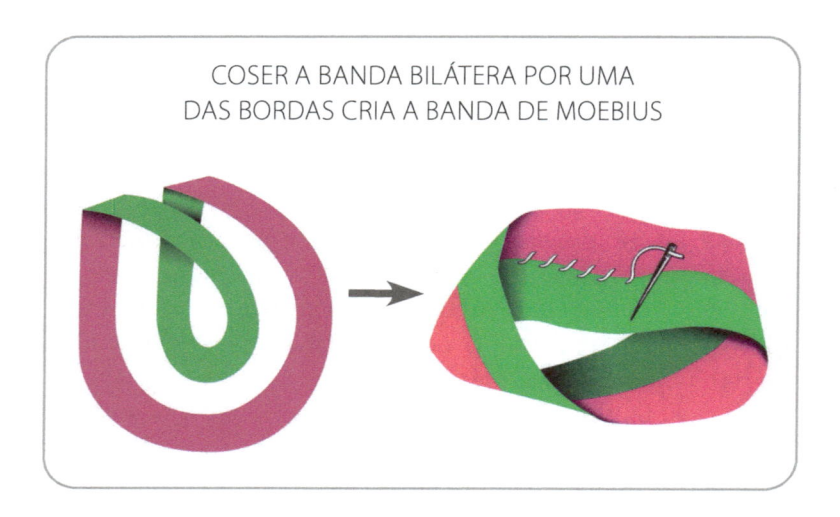

COSER A BANDA BILÁTERA POR UMA
DAS BORDAS CRIA A BANDA DE MOEBIUS

4 | A costura: banda de Moebius "verdadeira"

Continuando com o raciocínio anterior (§23.4), se uma banda bilátera é conseguida através de um *determinado corte* da banda de Moebius, o processo inverso — *a costura* — permitirá conseguir a banda de Moebius partindo da banda bilátera. Lacan não utiliza, de imediato, essa argumentação para a sua prova; ele prefere avançar, primeiro, pela via construtivista.

O parágrafo seguinte (§23.5) descreve como um "**passe de mágica**" a manipulação da banda bilátera obtida em §23.3 e a sua "**costura**".

> *Là est le tour de passe-passe: ce n'est pas à recoudre la même coupure que la bande de Mœbius sera reproduite puisqu'elle n'était que "feinte" d'un tore aplati, mais c'est par un glissement des deux lames l'une sur l'autre (et aussi bien dans les deux sens) que la double boucle d'un des bords étant affrontée à elle-même, sa couture constitue la bande de Mœbius "vraie".* (§23.5; AE470; OE471)

Aí está a prestidigitação: não é recosendo o mesmo corte que a banda de Moebius será reproduzida, já que ela era só "fingimento" de um toro achatado; é por um deslizamento das duas lâminas uma sobre a outra (e nos dois sentidos) que, sendo o duplo fecho de uma das bordas confrontado com ele mesmo, a sua costura constitui a banda de Moebius "verdadeira".

Vejamos então com detalhes esta terceira etapa: O que é preciso coser? E como?

3ª ETAPA: COSTURA DA BANDA BILÁTERA

Evidente que é preciso partir da superfície que tínhamos na etapa anterior: a banda bilátera cujas bordas temos de coser.

É um pouco mais complicado imaginar como é que se tem de dispor as bordas para que, com a costura, se obtenha como resultado uma banda de Moebius verdadeira.

Utilizaremos aqui dois modos para ilustrar essa costura, que situamos como terceira etapa do processo: 1) mediante a "prova pelo ponto" e 2) com a banda simplificada.

1. Costura ("prova pelo ponto")

Propomos esta "prova pelo ponto" porque ela mostra, em três dimensões, como realizá-la na prática com uma fita de papel, além de mostrar graficamente a operação.

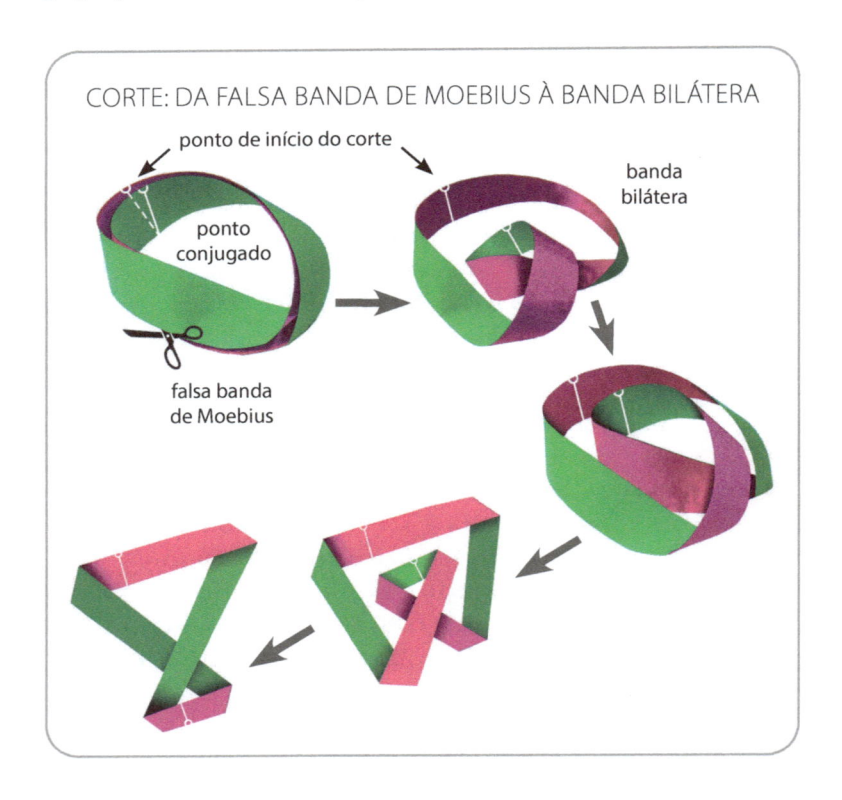

Começaremos voltando uns passos: na banda de Moebius "**fingida**", obtida pelo desinflamento do toro, marcamos o ponto da pseudoborda — que pode ser qualquer um — onde iniciamos o corte; marcamos também a linha que o une ao seu ponto "**conjugado**". Assim podemos localizar, tanto na face externa como na interna da superfície, as suas posições na representação desdobrada final.

O texto indica o modo de colocar as faces e que bordas é preciso coser: "**por um deslizamento das duas lâminas uma sobre a outra (e nos dois sentidos) que, sendo o duplo fecho de uma das bordas confrontado com ele mesmo**".

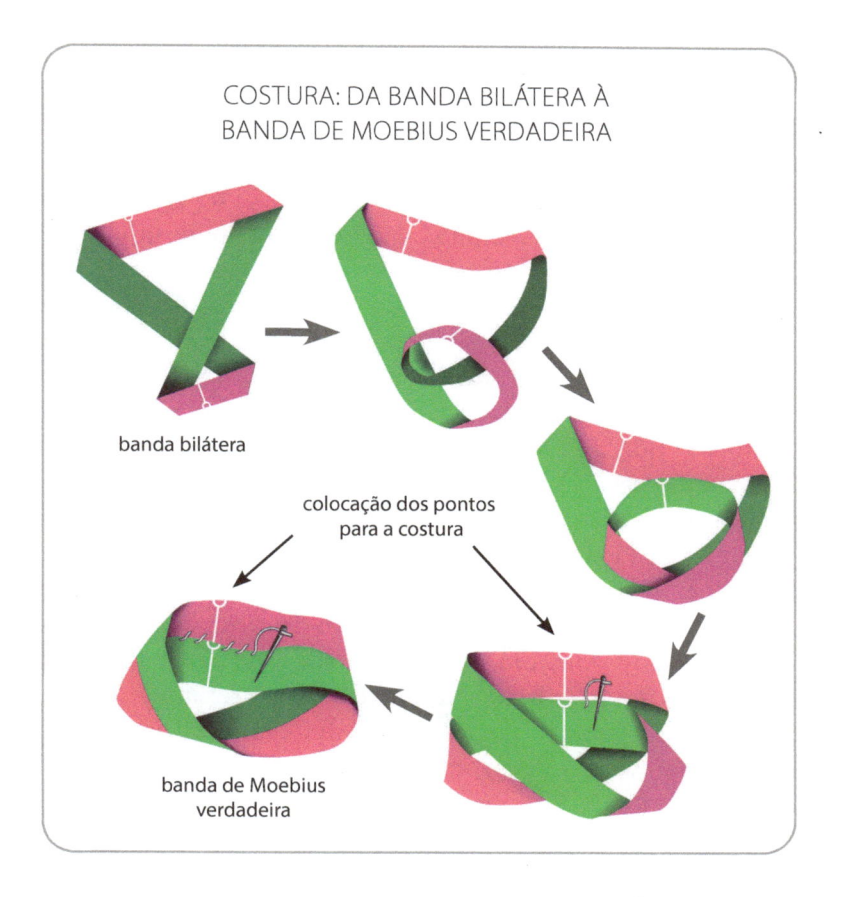

COSTURA: DA BANDA BILÁTERA À
BANDA DE MOEBIUS VERDADEIRA

banda bilátera

colocação dos pontos
para a costura

banda de Moebius
verdadeira

Para confrontar cada borda — que é um duplo fecho — consigo mesma, é preciso colocar em continuidade cada face com a sua face oposta; para isso será necessário fazer, ao mesmo tempo, certos deslocamentos e giros das faces da banda. Para realizá-los, utilizaremos o ponto que havíamos marcado como guia, cuidando para emparelhar as duas lâminas, mas com as faces invertidas. E isso levando em consideração que são o deslocamento das bordas e os giros das faces que permitem que a costura se realize de modo que a superfície se estruture, por cerzimento, agora sim, numa banda de Moebius verdadeira.

Essa ilustração, nos moldes de uma demonstração construtivista, permite visualizar a mudança estrutural da superfície e verificar a continuidade, na nova superfície, das duas faces do toro original.

Para designar essa operação, Lacan utiliza o termo "*le tour de passe-passe*": truque com as mãos; passe de mágica; prestidigitação; manobra invisível de ilusionista; movimento que o espectador não vê e que faz desaparecer ou aparecer algo inesperado, causando assombro.

Não se chega a essa banda de Moebius verdadeira fazendo a operação inversa ao corte do toro esvaziado e pinçado, isto é, não adianta coser as bordas do mesmo lado que esse corte havia separado — isso levaria novamente à falsa banda de Moebius, à ficção de banda homóloga ao toro neurótico. Essa operação *colocou em continuidade* pontos que antes estavam efetivamente *do outro lado*.

Ao reler o texto à luz da sequência de figuras da página anterior, vê-se que a "**costura**" se realiza unindo duas partes da mesma borda: "**o duplo fecho de uma das bordas confrontado com ele mesmo, a sua costura constitui a banda de Moebius 'verdadeira'**". Previamente, foi preciso fazer um deslizamento das duas lâminas para unir cada ponto com o seu ponto "**conjugado**" do "**traverso**" (na outra face). A figura abaixo ilustra o detalhe da união:

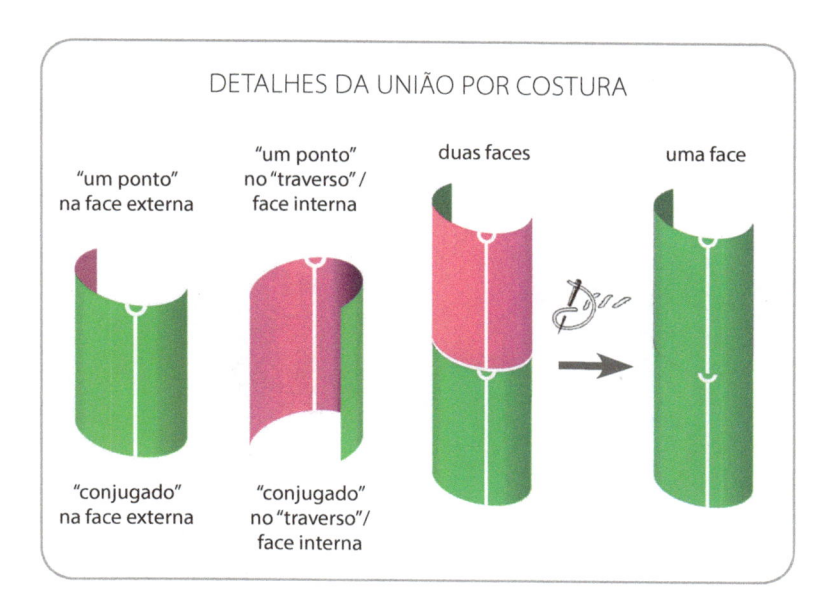

DETALHES DA UNIÃO POR COSTURA

"um ponto"
na face externa

"um ponto"
no "traverso" /
face interna

duas faces

uma face

"conjugado"
na face externa

"conjugado"
no "traverso"/
face interna

Isso assegura que todos os pontos da nova superfície são topologicamente contíguos, o que quer dizer que só há uma face.

2. Costura (com banda simplificada)

Outro modo de mostrar a operação de "**costura**" é utilizar a representação plana *simplificada* da banda de duas faces, idêntica topologicamente à "**banda bilátera**" obtida pelo corte do toro aplanado (cf. p. 38). Essa versão não se pode construir fisicamente partindo de um retângulo de papel, visto que a superfície de um papel é rígida, indeformável em qualquer de suas duas dimensões. A representação plana simplificada tem a virtude de mostrar explicitamente cada meia volta de torção como uma dobra.

Essa forma da banda bilátera mostra a banda com as suas duas dobras (duas meias torções = 2 x 180° = 360°) no mesmo sentido. Além de evidenciar as suas duas bordas que têm forma de *oito interior*, ela permite visualizar como se faz a costura.

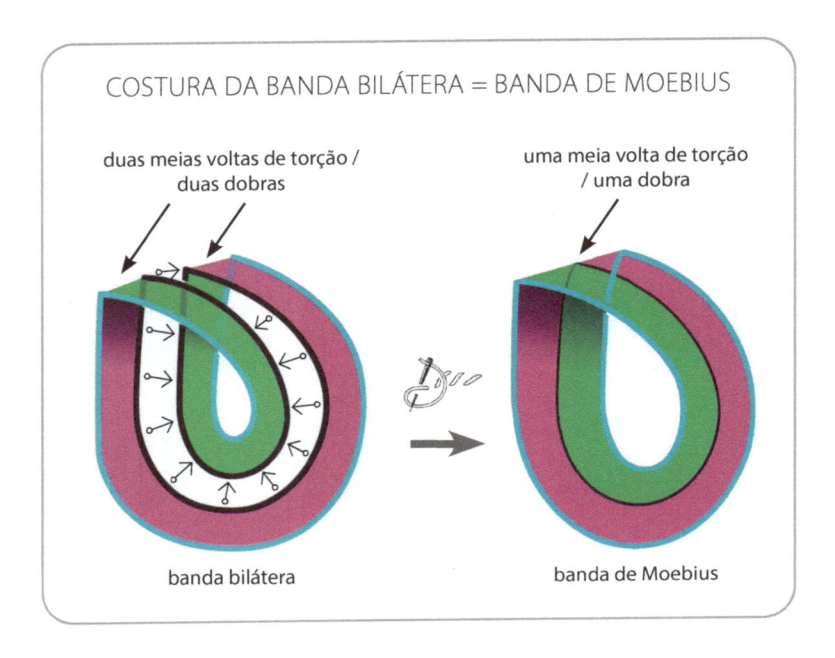

COSTURA DA BANDA BILÁTERA = BANDA DE MOEBIUS

duas meias voltas de torção / duas dobras

uma meia volta de torção / uma dobra

banda bilátera

banda de Moebius

O resultado de coser uma das bordas consigo mesma (nessa representação, o ideal está em preto) é a verdadeira banda de Moebius, que tem uma única borda — azul, na nossa figura.

Nos próximos parágrafos Lacan se concentrará nessa linha de costura, de corte ou de borda, conforme se olhe — o "essencial" da banda de Moebius. No próximo parágrafo ele começa a assinalá-lo.

5 | Retorno à banda bilátera

*Où la bande obtenue du tore se révèle être la bande
de Mœbius bipartie — d'une coupure non pas à
double tour, mais à se fermer d'un seul (faisons-là
médiane pour le saisir... imaginairement). (§23.6;
AE470; OE494)*

**Aí que a banda obtida do toro se mostra ser
a banda de Moebius bipartida — por um
corte não de volta dupla, mas que se feche
numa só (vamos de mediana, para captá-la...
imaginariamente).**

Esse parágrafo assinala que as operações de *costura* e
corte podem ser operações inversas capazes de transformar a banda bilátera em banda de Moebius, e vice-versa.

Aclaramos que Lacan utiliza duas denominações para a
mesma superfície topológica de duas faces, duas bordas e
uma torção (360°):

- **"Banda bilátera"**: quando a obtém pelo *corte* do
  toro desinchado e pinçado;
- **"Banda bipartida"**: quando a obtém pelo corte de
  uma só volta a partir de uma banda de Moebius.

Estritamente só se pode dizer que *costura* e *corte* são
operações *inversas* se costura e corte se realizarem conforme os percursos adequados nas superfícies correspondentes, isto é:

- *costura da* "banda bilátera" numa das bordas consigo mesma, unindo as duas faces; e
- *corte* de uma só volta na banda de Moebius.

Assim como comprovamos o procedimento de costura, verificaremos o que diz este parágrafo: que a **"banda de Moebius"** se transforma em **"banda bipartida"** se sobre ela se opera um corte que **"se feche numa só"** volta. Deveremos também verificar que outros cortes — em particular o que fecha em duas voltas — não levam à banda **"bilátera"** ou **"bipartida"**.

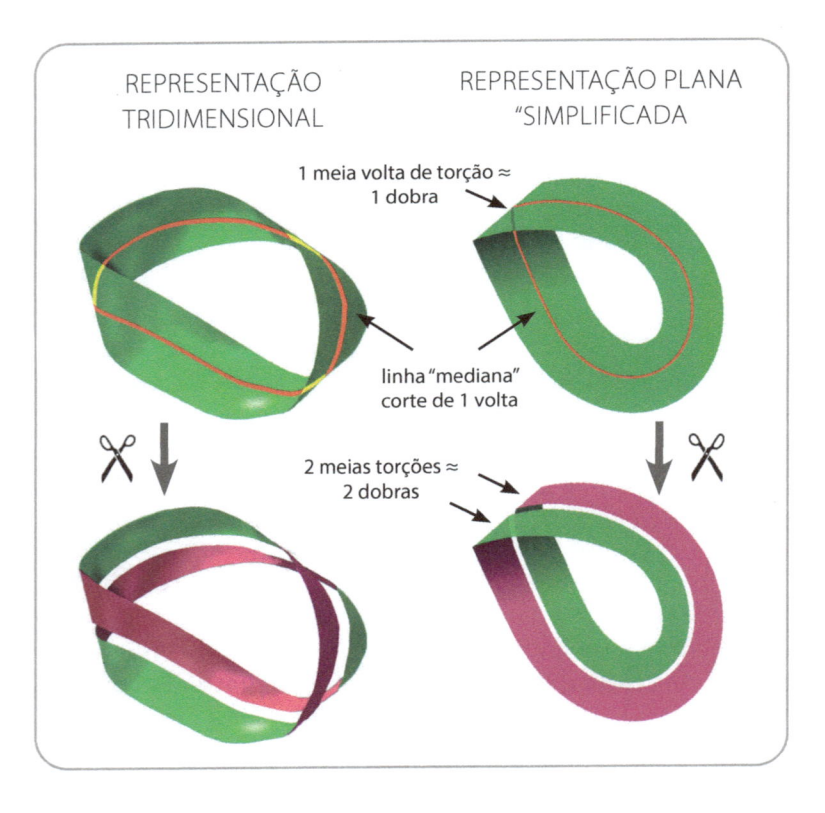

Comprovaremos que esse corte **"de volta dupla"** produz distintas transformações conforme a superfície sobre a qual opere: transforma o toro — desinchado, aplanado e pinçado como banda de Moebius **"fingida"**— em **"banda bilátera"** ou **"banda bipartida"** (cf. p. 36); e a banda de Moebius, como se verá adiante, em outra cosa (cf. p. 62).

A operação que se propõe nesse parágrafo (§23.6) não é mais que a típica primeira manipulação que causa surpresa quando se manipula uma banda de Moebius e não se conhecem as suas singulares propriedades. O texto propõe que se faça o corte pela **"mediana, para captar... imaginariamente"**, porque esse é o modo mais usual de fazê-lo; porém, que o corte seja pela mediana não é condição necessária. A verdadeira condição necessária foi especificada anteriormente: **"que se feche numa só"** volta.

Assinalamos a importância dessa condição, verificando que qualquer corte que se feche numa só volta produz a "banda bipartida", e que outro tipo de corte não a produz. Como veremos adiante.

Para nosso propósito, basta que consideremos os distintos cortes longitudinais que se fecham numa ou em duas voltas. São apenas três; vejamos um a um:

1. corte de uma volta sobre a mediana;
2. corte de uma volta sobre uma linha não mediana;
3. corte de duas voltas.

1. Corte de uma volta sobre a mediana

Se cortamos pela linha mediana, obtemos a já conhecida banda bilátera. A fita obtida tem a mesma largura em todo o seu comprimento, como se pode ver na figura anterior.

Essa é a proposta do §23.6 para verificar, assim, que a banda bipartida (ou seja, a banda de duas faces) é obtida através de um corte de uma só volta. A mesma superfície que havíamos obtido a partir do toro com um corte de duas voltas.

2. Corte de uma volta sobre uma linha não mediana

Pode-se fazer o corte partindo de um ponto qualquer (exceto a borda) e fechar o trajeto em uma única volta sem seguir a mediana, produzindo-se também a banda bilátera.

Essa banda será desigual em largura, mas não difere topologicamente da do corte pela mediana. De qualquer modo, notaremos que sempre se terá atravessado uma vez (ou qualquer número ímpar de vezes) a linha mediana antes de fechar a única volta.

Escher, o grande desenhista que tornou a banda de Moebius popular, criou uma versão da banda com três meias torções, mostrando um corte de uma só volta não realizado pela mediana e que produz uma superfície bilátera de largura irregular.

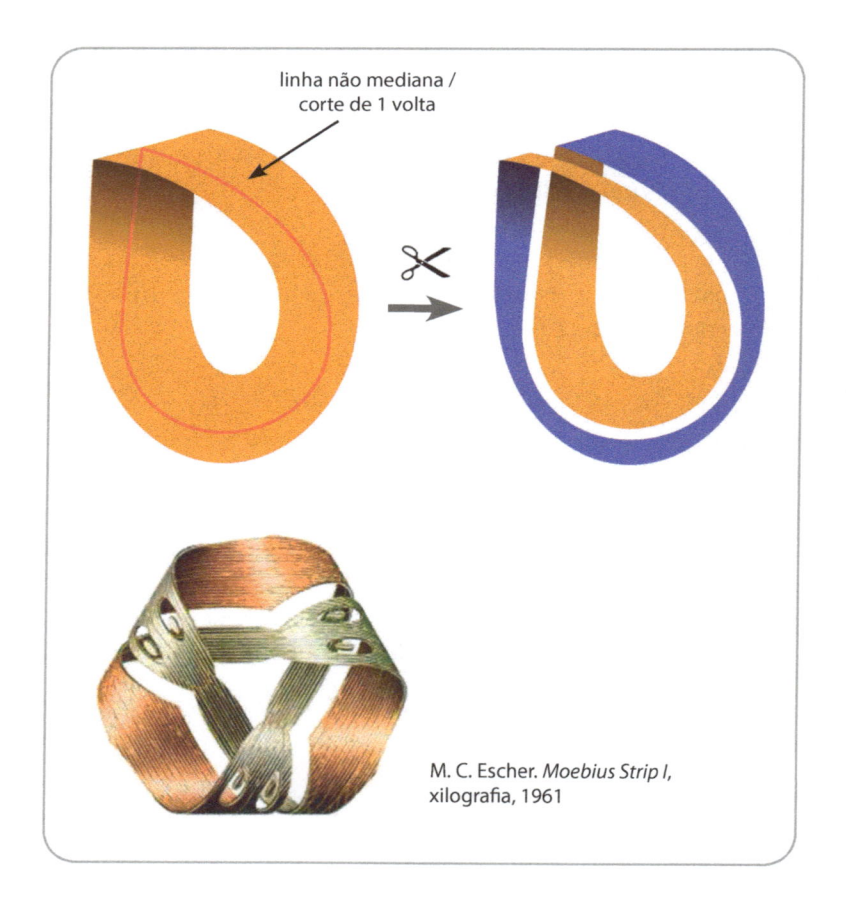

linha não mediana /
corte de 1 volta

M. C. Escher. *Moebius Strip I*,
xilografia, 1961

3. Corte de 2 voltas

Neste caso produz-se uma transformação topológica bastante espetacular: surgem duas superfícies distintas, mas enlaçadas. Obtemos uma banda bilátera atada a uma banda de Moebius. Vamos deixar para depois (p. 61) os detalhes dessa operação, visto que *O aturdito* se ocupa desse corte no parágrafo §23.10.

Resumindo o raciocínio de Lacan no §23.6: a banda de duas faces ("**banda bipartida**" ou "**banda bilátera**") pode ser obtida a partir de uma banda de Moebius cortada numa volta só. Houve uma inversão no ponto de vista do raciocínio que verifica "**a relação**" entre "**banda bipartida**" e "**banda de Moebius**"; raciocínio que, em §23.4, havia aventado "**que o corte a produziu**".

No parágrafo seguinte, *O aturdito* se ocupa especificamente do próprio corte.

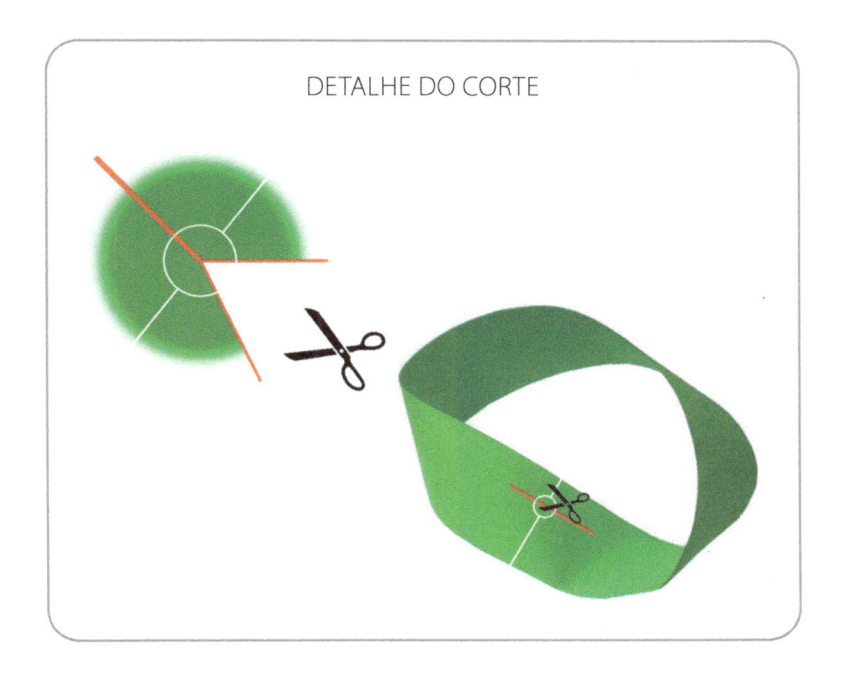

DETALHE DO CORTE

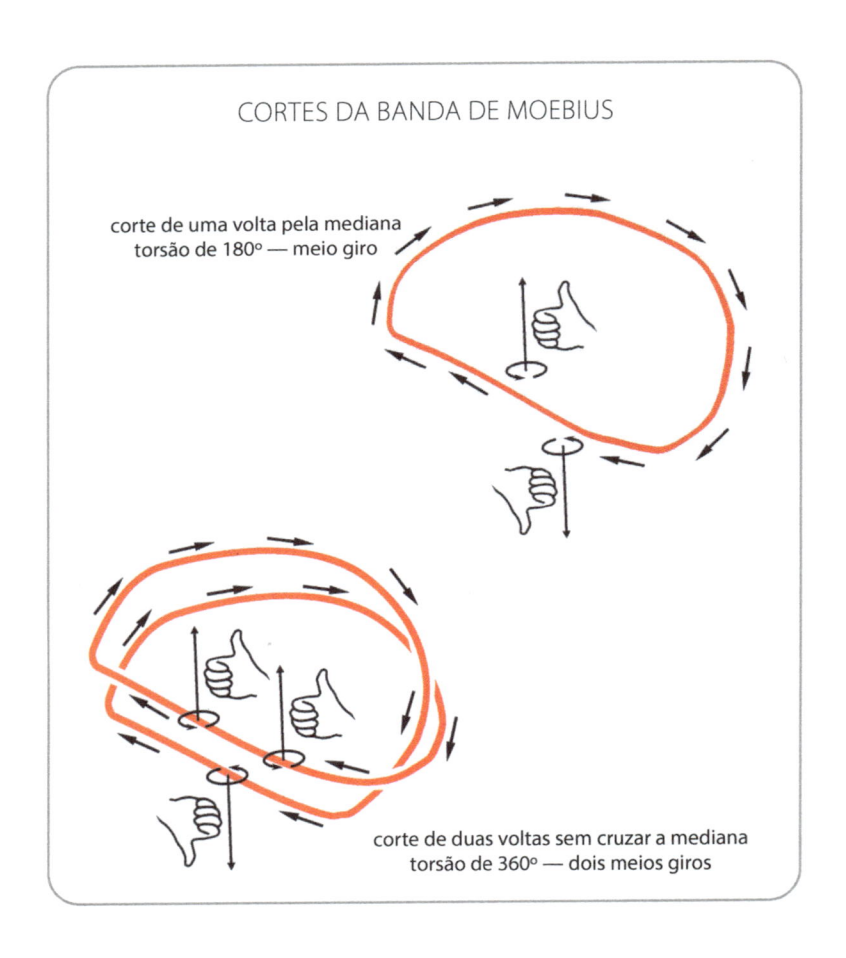

CORTES DA BANDA DE MOEBIUS

corte de uma volta pela mediana
torsão de 180° — meio giro

corte de duas voltas sem cruzar a mediana
torsão de 360° — dois meios giros

6 | A banda de Moebius é o corte

Imaginemos um ilusionista cortando uma banda de Moebius pela mediana e perguntando ao público: o que é esse objeto que desaparece numa tesourada?

> *Mais du même coup ce qui apparaît, c'est que la bande de Mœbius n'est rien d'autre que cette coupure même, celle par quoi de sa surface elle disparaît.* (§23.7; AE470; OE471)

> **Mas, ao mesmo tempo, o que se evidencia é que a banda de Moebius não é nada além desse próprio corte, esse pelo qual, com a sua superfície, ela some.**

Nesse truque de ilusionista, algo se evidencia, algo se manifesta: esse objeto que ele tinha em mãos (a banda de Moebius) não é nada mais que essa tesourada, esse corte pela mediana. A prova disso é que a "**sua superfície**" (a banda de Moebius) "**some**", visto que onde antes havia uma banda de Moebius, depois do corte já não há nada além de uma fita bilátera: esse corte faz com que a banda de Moebius desapareça.

Lacan, nesse parágrafo, avança firmemente rumo a uma conceituação que reduza o empuxo imaginário, que ele já havia insinuado no final do parágrafo anterior: "**para captá-la... imaginariamente**" (§23.6). A banda de Moebius se identifica com qualquer um dos cortes sobre a própria superfície que se feche numa volta só: "**não é nada além desse próprio corte**".

Assimilar uma superfície a um corte já nos mostra que o valor do recurso topológico está mais na forma em que se relacionam as noções implicadas do que na própria figura que é capaz de representá-las. Essa concepção se desenvolve explicitamente mais adiante: §24.4 e seguintes (cf. p. 101 deste volume).

Assinalamos o valor da prova pelo ponto (p. 44) para perceber que esse corte que se fecha numa única volta (pela mediana ou por outra curva que passe pela mediana de qualquer banda de Moebius) começa simultaneamente em dois pontos: um ponto qualquer e o do seu "**traverso**", isto é, um dado ponto e o ponto correspondente através da superfície.

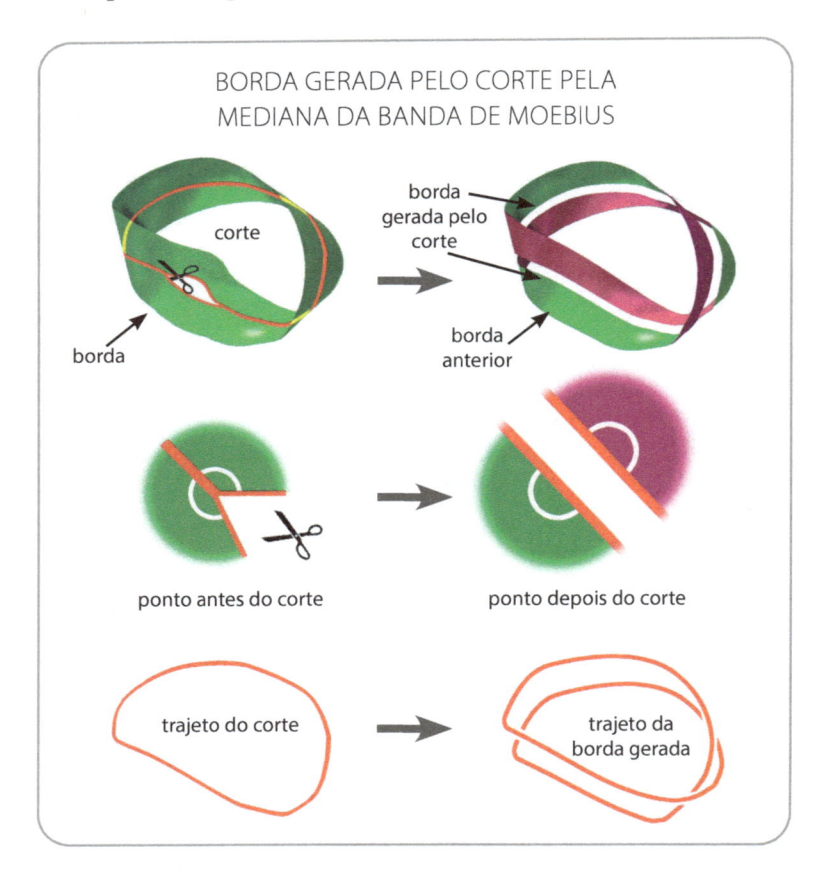

Começamos perfurando a superfície num determinado ponto e no seu **"traverso"** para depois percorrer todos os pontos da mediana e seus traversos até fechar o corte alcançando o par de pontos iniciais. Ao completar o percurso numa única volta, a banda se abre e o corte gera uma segunda borda com duas meias torções na banda (agora **"banda bipartida"**).

Representar o corte realizado pela mediana, e a borda que ele gera como linhas no espaço, tem o inconveniente de não mostrar que essas curvas estão torcidas.

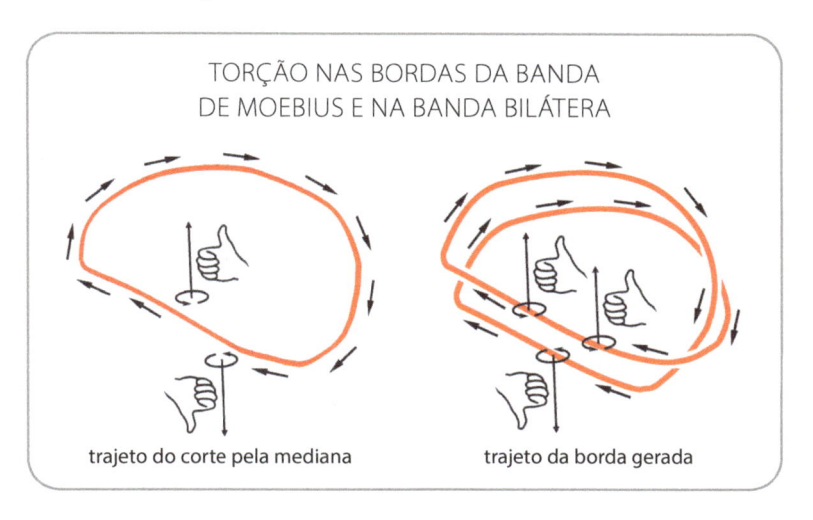

TORÇÃO NAS BORDAS DA BANDA
DE MOEBIUS E NA BANDA BILÁTERA

trajeto do corte pela mediana   trajeto da borda gerada

O corte pela mediana (ou seus equivalentes) se faz numa volta com um giro de meia torção (180°) da *tesoura*, mas desprende uma borda de duas voltas com um giro de duas meias torções (2 x 180° = 360°). Essas torções não aparecem claramente numa imagem tridimensional da banda, e muito menos no desenho da mediana ou da borda. Em contrapartida, ficam registradas como dobras na representação plana e na "simplificada" (cf. desenhos na p. 50).

Convém assinalar que, se **"a banda de Moebius não é nada além desse próprio corte"**, é precisamente pela torção de meio giro que se dá ao realizá-lo.

Parece necessário a Lacan voltar a dizê-lo no parágrafo seguinte (§23.8), tomando a operação *inversa* ao corte — isto é, a costura da "**banda bilátera**" — como uma prova de que a banda de Moebius é, na realidade, única e exclusivamente o próprio corte mediano: essa curva com meio giro de torção.

Et la raison en est qu'à procéder d'unir à soi-même, après glissement d'une lame sur l'autre de la bande bipartie, la double boucle d'un des bords de cette même bande, c'est tout au long la face envers de cette bande que nous cousions à sa face endroit. (§23.8; AE470; OE471)

E a razão disso é que, ao proceder por unir a si mesmo — após o deslizamento de uma lâmina sobre a outra da banda bipartida — o duplo fecho de uma das bordas dessa mesma banda, é ao longo do comprimento que costuramos o lado avesso dessa banda ao seu lado direito.

Explicitando o raciocínio, seria algo assim: a banda de Moebius está na borda da bilátera porque faremos com que ela surja ao unir uma de suas bordas consigo mesma. Só devemos tomar a precaução de uni-la deslizando uma face da bilátera sobre a outra (girando-a). Essa costura coloca em continuidade uma face com a outra, conseguindo uma banda com uma face só (Moebius). Essa operação já havia sido descrita no parágrafo §23.5 (cf. p. 45 deste volume).

É notável a insistência de Lacan em desprender-se da imagem da banda de Moebius *imaginada* como a fita construída colando, invertidos, os dois lados opostos de um retângulo (cf. p. 30).

TODOS OS PONTOS EM CONTINUIDADE

O seguinte parágrafo começa tentando novamente assimilar a banda de Moebius ao corte por um dos trajetos que se fecha numa volta:

Où il se touche que ce n'est pas du travers idéal dont une bande se tord d'un demi-tour, que la bande de Moebius est à imaginer; c'est tout de son long qu'elle fait n'être qu'un son endroit et son envers. Il n'y a pas un de ses points où l'un et l'autre ne s'unissent. Et la bande de Moebius n'est rien d'autre que la coupure à un seul tour, quelconque (bien qu'imagée de l'impensable "médiane"), qui la structure d'une série de lignes sans points. (§23.9; AE470; OE471)

No que se entra em contato com o fato de que não é pelo traverso ideal — pelo qual uma banda se torce com uma meia volta — que a banda de Moebius deve ser imaginada; é de comprido que ela faz seu direito e seu avesso serem um só. Não há um ponto sequer dela em que um e outro não se unam. E a banda de Moebius não é nada além do corte com uma volta só, qualquer um (embora figurado em imagem pela impensável "mediana") que a estruture por uma série de linhas sem pontos.

Para tirar todo o proveito do que essa estrutura pode nos oferecer, cumpre não imaginar a banda de Moebius a partir de sua fabricação com um pedaço de fita, com seu direito e seu avesso — pedaço do qual, depois de retorcer com uma meia volta (meia torção), cosemos ou colamos o direito com o avesso. Essa figuração mantém, em cada ponto, a ideia de um direito e de um avesso — como se pode ver na imagem de um ponto e seu "**traverso**" —, ao passo que na *estrutura moebiana* a ideia de direito e avesso desapareceu.

J. Lacan ressaltará este aspecto: direito e avesso são uma ilusão; não há nunca um lado e outro, não há mais do que um. Ao longo da banda só há uma face: "[...] é de comprido que ela faz seu direito e seu avesso serem um só". E ele voltará a dizê-lo de outro modo na frase que se segue: "**Não há um ponto sequer dela em que um e outro não se unam**". Dado que qualquer ponto da banda de Moebius está em continuidade com qualquer outro, o direito e o avesso são um só, isto é, cada ponto é simultaneamente direito e avesso — com o que a própria oposição direito/avesso se dissolve.

"Linha sem pontos"

Lacan finaliza esse parágrafo dando uma conceituação da estrutura da banda de Moebius adaptada aos propósitos do seu desenvolvimento. Antes — em §23.6 e em §23.7 — ele já havia exposto que a banda é o puro corte de uma volta; aqui, porém, aventa um novo ponto de vista *construtivista*. Como esse corte não é único — pode ser qualquer um de uma volta só, desde que passe pela mediana —, pode-se considerar a banda de Moebius como sendo estruturada por uma série de percursos, precisamente esses pelos quais, ao realizar um corte, a banda de Moebius se desestrutura. Esse tipo de "**corte**" ele chama, aqui, de "**linhas sem pontos**": "**E a banda de Moebius não é nada além do corte com uma volta só, qualquer um (embora figurado em imagem pela impensável "mediana") que a estruture por uma série de linhas sem pontos**" (§23.9).

Uma forma de compreender essa denominação de "**linha sem pontos**" é aperceber-se de que o próprio corte sobre uma superfície — caso ele se realize sobre uma trajetória — não tem "**pontos**", visto que os pontos ficam de um lado e de outro da superfície como parte da sua borda. Desse ponto de vista, o corte é pura trajetória: uma "**linha sem pontos**".

Voltaremos a nos deparar com a "**linha sem pontos**" na descrição do *cross-cap* (cf. p. 86).

A banda de Moebius aparece / desaparece

Ce qui se confirme à imaginer cette coupure se redoubler (d'être "plus proche" de son bord) : cette coupure donnera une bande de Moebius, elle vraiment médiane, qui, abattue, restera faire chaîne avec la Moebius bipartie qui serait applicable sur un tore (ceci de comporter deux rouleaux de même sens et un de sens contraire ou, de façon équivalente: d'être obtenus de la même, trois rouleaux de même sens): on voit là que l'ab-sens qui résulte de la coupure simple, fait l'absence de la bande de Moebius. D'où cette coupure = la bande de Moebius. (§23.10; AE470; OE471)

O que se confirma ao imaginarmos esse corte se redobrar (por estar "mais perto" da sua borda): esse corte vai dar uma banda de Moebius — esta verdadeiramente mediana — que, arqueada, continuará a formar uma cadeia com a Moebius bipartida que seria aplicável sobre um toro (isso por comportar dois cachos de mesmo sentido e um de sentido contrário, ou, de forma equivalente: por se haverem obtido da mesma, três cachos de mesmo sentido): aí se vê que o ab-senso resultante do corte simples constitui a ausência da banda de Moebius. Daí este corte = a banda de Moebius.

Encontramo-nos aqui com o corte de duas voltas já mencionado na p. 53. Seu percurso, ao se manter "**mais perto' da borda**" da banda, nunca atravessa a mediana, de modo que não pode se fechar numa só volta e necessita duas voltas para se fechar.

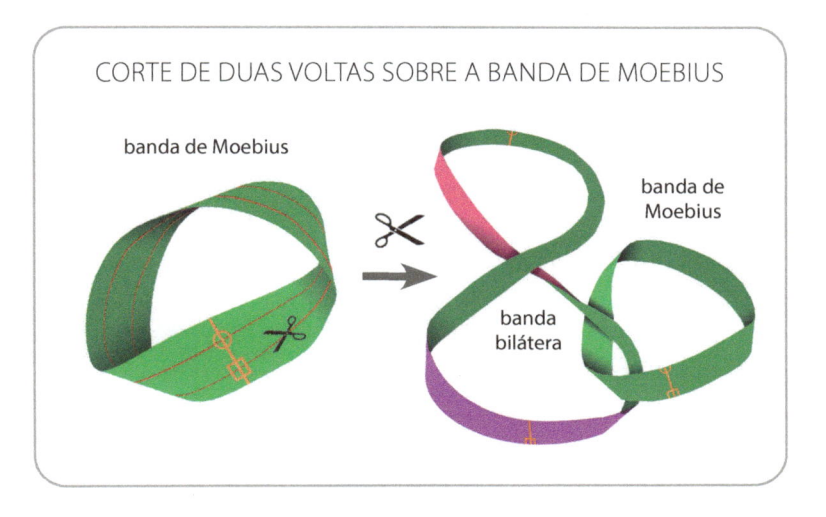

CORTE DE DUAS VOLTAS SOBRE A BANDA DE MOEBIUS

banda de Moebius

banda de Moebius

banda bilátera

É muito útil verificar esse processo utilizando uma banda de papel, cortando-a e aplanando-a. Nas figuras que apresentamos, assinalamos o percurso do corte e uns pontos singulares que ajudam a visualizar os trajetos e a posição da superfície antes e depois do corte.

REPRESENTAÇÃO PLANA DO CORTE
DE DUAS VOLTAS NA BANDA DE MOEBIUS

banda bilátera

banda de Moebius

banda de Moebius

Ao fazer esse corte, obtém-se uma banda de duas faces (bilátera) com dois giros de meia torção enlaçada a uma banda de Moebius cuja meia torção é topologicamente idêntica à de origem. Na prática construtiva com uma fita de papel, a banda de Moebius de origem e a enlaçada têm o mesmo comprimento, ainda que essa última seja mais estreita — dados métricos irrelevantes do ponto de vista topológico.

Na representação plana, a torção que se estende ao longo de toda a banda aparece concentrada nas dobras. A partir daí é possível criar uma representação *simplificada* na qual cada giro de "meia torção" aparece como uma *dobra* e pode ser contado com facilidade.

Como se pode observar na representação simplificada, depois do corte se pode dar outra cor a uma das faces da fita bilátera. Ao separar as duas fitas, comprova-se que a banda de Moebius enlaçada é topologicamente idêntica à de origem.

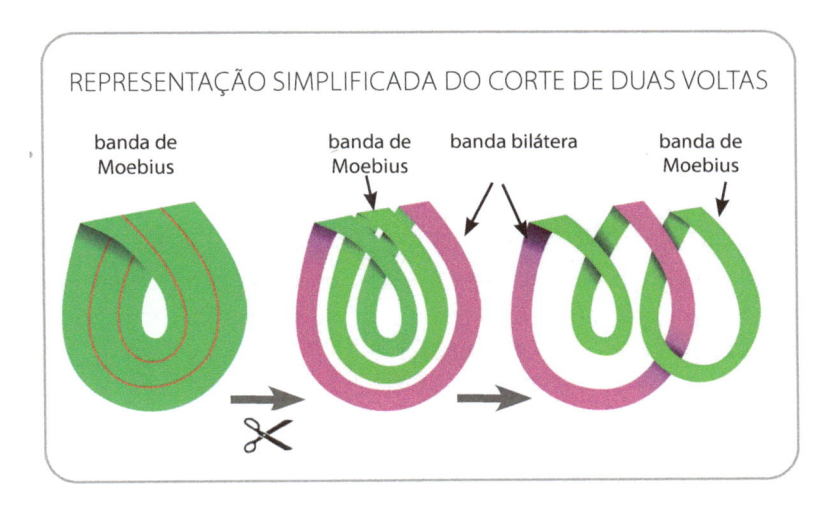

REPRESENTAÇÃO SIMPLIFICADA DO CORTE DE DUAS VOLTAS

Por que trazer esse tipo de corte aqui? Justamente para mostrar que, se o corte pela mediana faz com que ela desapareça (final do §23.9, p. 60 deste volume), há outro tipo de corte que conserva a sua existência: a banda de Moebius se *reproduz*.

Sigamos as indicações do texto realizando as operações na prática, que consiste em imaginar... Façamos esse corte que reproduz a banda, "[...] **ao imaginarmos esse corte se redobrar (por estar "mais perto" da sua borda) [...]**", mantendo-nos perto da borda; e, sem atravessar a mediana, cortemos dando as duas voltas correspondentes. Uma vez feito o corte, sigamos o texto comprovando o resultado (duas fitas) ponto por ponto.

De um lado, temos uma banda de Moebius verdadeira, extraída da parte central da banda de Moebius primitiva ("**verdadeiramente mediana**").

Do outro, surge uma fita de dupla face, isto é, uma banda bilátera idêntica à que se obteve antes com o corte que se fecha numa só volta (cortando "**pela impensável "mediana**"; §23.9). Veremos então a relação dessa banda bilátera com a própria banda de Moebius e com o toro da origem.

Essa banda bilátera poderia ser aplicada sobre um toro, devido aos enrolamentos (*rouleaux*, bobinas, cachos, rolos...) que ela tem num sentido e no outro: "[...] **seria aplicável sobre um toro (isso por comportar dois rolos de mesmo sentido e um de sentido contrário, ou, de forma equivalente:** [...] **três rolos de mesmo sentido)** [...]".

Assim, de imediato, essa frase tem suas dificuldades, as quais propomos decifrar realizando a operação na prática e representando-a em imagens.

CACHOS, TORÇÃO E RECOBRIMENTO DO TORO

Aclaremos primeiro dois vocábulos utilizados na frase.

- BOBINA: o termo em francês é "*rouleaux*". Foi traduzido por "rolo" (OE471). A nossa preferência por "cacho" (ou "caracol") se fará compreender pelas imagens. Sem dúvida refere-se ao enrolamento que está relacionado com a torção intrínseca da banda, mas sem uma correspondência precisa. Veremos que estão relacionados com as *dobras* da representação plana; quer dizer, com a "**meia volta de torção**" (180°), mas não há correspondência de cada bobina com o giro de torção de uma ou duas meias voltas.

- APLICÁVEL: o termo em francês é "*applicable*". Que se pode aplicar, isto é: que, com essa fita, pode-se recobrir uma superfície. E sobre que superfície poderemos aplicá-la? Sobre o toro.

O texto diz que essa banda de duas faces comporta "**dois cachos de mesmo sentido e um de sentido contrário**", o que é equivalente a "**três cachos de mesmo sentido**".

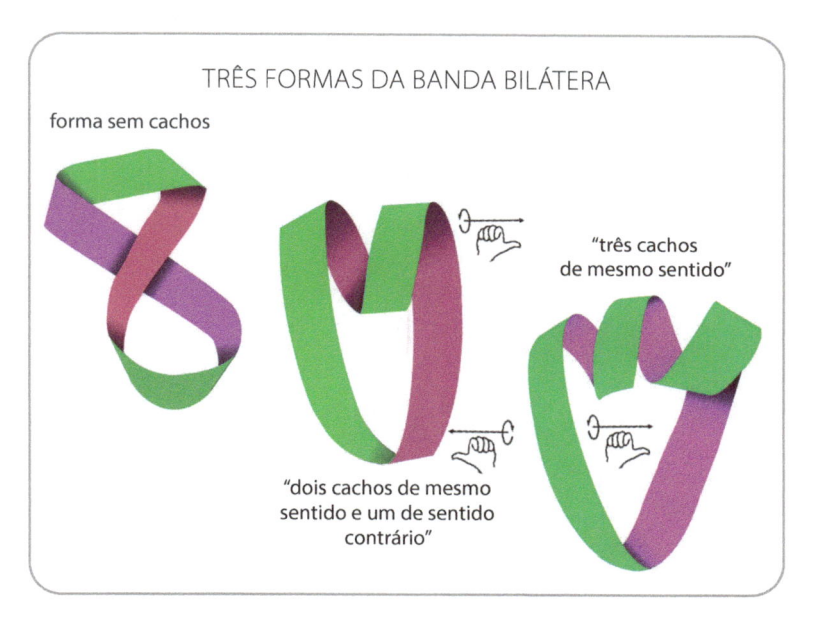

TRÊS FORMAS DA BANDA BILÁTERA

forma sem cachos

"três cachos de mesmo sentido"

"dois cachos de mesmo sentido e um de sentido contrário"

Para compreender essa frase é muito conveniente manipular, na prática, a banda bilátera de que se trata. Pode-se, assim, comprovar que podemos dar a essa banda diferentes formas no espaço. Apresentamos as duas formas com "**cachos**" às quais o "*L'étourdit*" se refere, comparando-as com a que não tem "**cachos**". Como ilustra a imagem anterior — e bem se pode verificar na prática —, os "**cachos**" não mudam topologicamente a banda bilátera. Podemos deformar a mesma banda para dotá-la da quantidade de cachos que nos interesse, e os que vão num sentido ou noutro se compensarão, de modo que sempre se manterão o mesmo número de faces e a mesma torção total da sua borda. Os cachos não comportam torção em si mesmos, como se pode comprovar fazendo cachos em qualquer banda de papel (simples, de Moebius, bilátera ou outra).

Insistimos: a quantidade e o sentido dos **"cachos"**, caso acarretem um tipo diferente de *retorcimento*, não caracterizam a torção total de qualquer percurso fechado sobre a superfície, em particular o trajeto das bordas. Essas bordas vão se unir uma com a outra quando se *aplicar* a banda sobre um toro.

Os cachos, sendo uma propriedade tridimensional não topológica, permitem visualizar e compreender como a banda bilátera pode recobrir o toro.

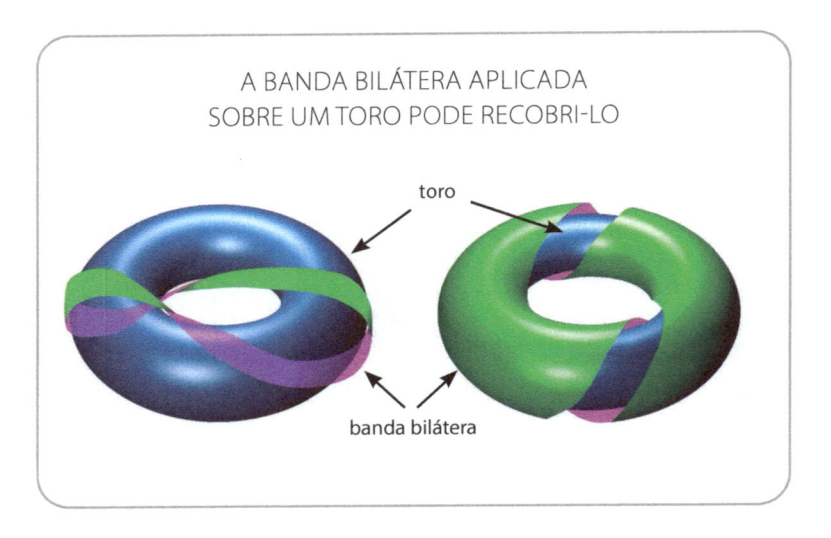

A BANDA BILÁTERA APLICADA
SOBRE UM TORO PODE RECOBRI-LO

toro

banda bilátera

No primeiro desses desenhos mostra-se a banda bilátera *aplicada* sobre um toro. No segundo, pode-se ver essa mesma banda *estendida* até quase recobrir toda a superfície do toro.

Cumpre levar em conta que a banda somente "**seria aplicável sobre um toro**" se for uma banda com duas "meias voltas de torção", como se pode comprovar manipulando uma banda de papel para recobrir uma boia. Verifica-se então que essa fita "**seria aplicável sobre um toro**" dando duas voltas ao redor da alma — ou tubo — do toro. Na figura da esquerda estendeu-se a largura da banda para unir uma volta com a outra, o que permite unir as duas bordas da banda bilátera completando a *aplicação*.

Comprovamos que a linha por onde seria preciso coser a bilátera para recobrir o toro tem de ser a mesma pela qual se deve cortar o toro a fim de obter a banda bilátera original.

A operação de recobrir o toro se entende como inversa ao corte do toro desinchado (cf. p. 36). Naquele caso, havia-se obtido uma banda bilátera a partir de um toro com o desinflamento, o pinçamento e o corte. Entenda-se então "aplicável" como *assimilável* ou *que pode recobrir, colocar-se em cima* de um toro, imaginando que corresponde ao caminho inverso ao primeiro corte sobre o toro pinçado / desinflado.

A BANDA DE MOEBIUS DESAPARECE NA UNIÃO

banda de Moebius "virtual"

banda bilátera

Convém precisar, em prol da compreensão desse parágrafo, como Lacan utiliza a expressão "*la bande de Mœbius bipartie*", que pode parecer ambígua. Dado que a banda bilátera e a banda de Moebius têm duas estruturas topológicas diferentes, mas transformáveis uma na outra por corte e costura, é evidente que essa expressão deve ser entendida como "a banda de Moebius que se partiu em duas". A banda de Moebius cuja face única foi repartida em duas faces mediante essa operação de corte. Não se deve entender o termo *bipartida* como atributo da banda de Moebius, mas como um efeito sobre ela da operação de corte de dupla volta sem passar pela mediana.

Podemos imaginar uma banda de Moebius *virtual* que desaparece quando se unem as duas bordas da banda bilátera para recobrir inteiramente o toro, como se pode visualizar na figura seguinte. Essa união/corte produz a ausência da banda de Moebius: **"aí se vê que o ab-senso resultante do corte simples constitui a ausência da banda de Moebius".**

O termo *"ab-sens"* é profusamente utilizado em *O aturdito* (§14.2, §14.10, §17.2, §20.3, §22.1, §24.14, §23.10, §27.14, §30.16, §34.18). Escrevemos em castelhano "au-sentido": ausência de sentido. De um modo similar, J. Lacan também produz (em §14.9 e §14.11) o termo *"dé-sens"* (dessenso), homofônico com "decência", para indicar o ponto em que o semblante da função fálica desfalece.

O parágrafo seguinte (§23.11) continua ocupando-se do corte simples na banda de Moebius, para "dar a prova" de que o corte é equivalente à própria banda de Moebius. Incorporamos à tradução da citação uns comentários entre colchetes para facilitar a leitura:

> *Reste que cette coupure n'a cette équivalence que de bipartir une surface que limite l'autre bord : d'un double tour précisément, soit ce qui fait la bande de Moebius. La bande de Mœbius est donc ce qui d'opérer sur la bande de Moebius, la ramène à la surface torique.* (§23.11; AE471; OE472)

> **De todo modo, esse corte só tem essa equivalência** [com a banda de Moebius] **por bipartir** [partir em duas] **uma superfície que a outra borda limita: por uma volta dupla, precisamente — ou seja, aquela que constitui a banda de Moebius. A banda de Moebius**

[como corte simples] é, **portanto, aquilo que, por operar sobre a banda de Moebius** [como superfície], **a restitui à superfície tórica** [banda bipartida recobrindo o toro].

Por que esse corte simples que fecha numa só volta é equivalente à própria banda de Moebius? O texto nos indica: unicamente por operar sobre a banda fazendo com que ela desapareça, isto é, convertendo-a numa fita de duas faces, ou banda bipartida.

Não se trata do corte em dupla volta que segue um percurso próximo da borda, porque nesse caso obtém-se uma fita de duas faces (bilátera) enlaçada a uma banda de Moebius, isto é, a banda de Moebius permanece. Inclusive, se essa última voltar a ser cortada do mesmo modo, será produzida outra bilátera e outra banda de Moebius que ficará como resto. E, se continuarmos realizando cortes de dupla volta, assim, ao infinito... as fitas produzidas permanecerão todas enlaçadas umas às outras.

Resumimos e ilustramos o efeito dos dois tipos de corte na banda de Moebius: corte de duas voltas (tratado em §23.10) e corte de uma volta (tratado no final do §23.10 e em §23.11)

Corte de duas voltas

Esse é o corte no qual a banda de Moebius se mantém ou, o que é o mesmo: reproduz-se ao infinito. Utilizamos a representação plana assinalando o percurso desse corte nas fitas e colorimos a fita em roxo quando aparecem as duas faces. Na figura abaixo, pode-se ver como se conserva o encadeamento ao realizar um segundo corte de duas voltas na banda de Moebius produzida pelo primeiro corte.

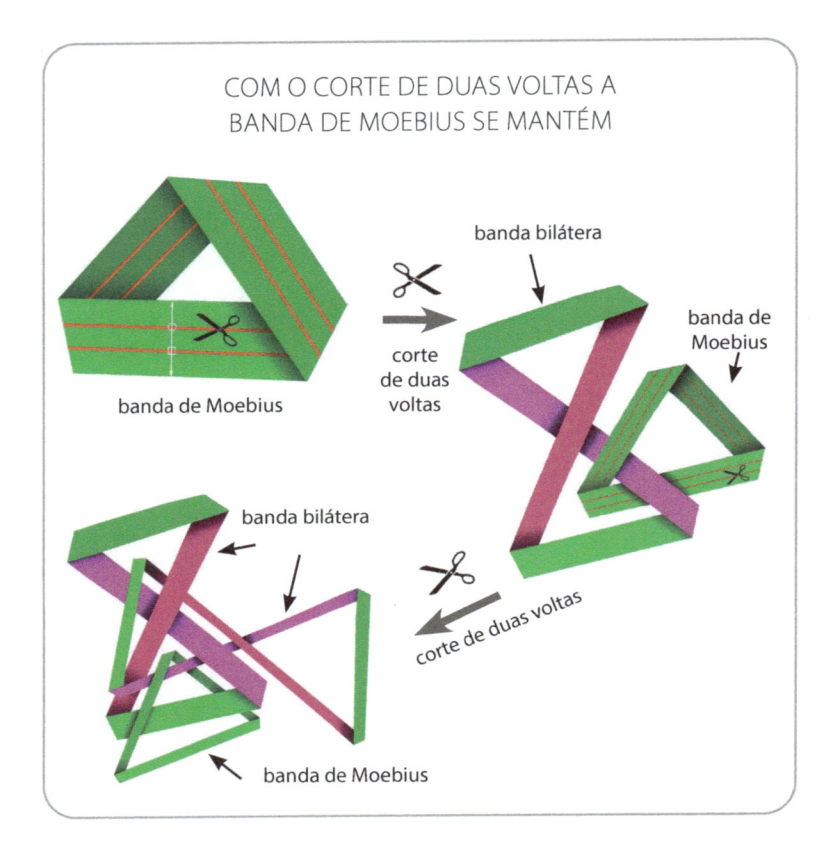

COM O CORTE DE DUAS VOLTAS A
BANDA DE MOEBIUS SE MANTÉM

banda de Moebius

corte
de duas
voltas

banda bilátera

banda de
Moebius

banda bilátera

corte de duas voltas

banda de Moebius

Corte de uma volta

Com esse corte, a banda de Moebius desaparece, gerando uma fita de dupla face. No trajeto desse corte simples de uma volta está o essencial, o substancial, a mesmidade, "o mais íntimo da banda de Moebius"[1]. Ao efetivar o corte, cria-se uma segunda borda e uma segunda face. Assim, a fita de dupla face resultante tem as torções necessárias para recobrir um toro como se mostrou nas figuras da p. 66: "**A banda de Moebius** é, **portanto, aquilo que,**

[1]FIERENS, C (2002) *Lectura de L'étourdit*. Trad. R. Cevasco; J. Chapuis. Barcelona: Ediciones S&P, 2012, p. 259.

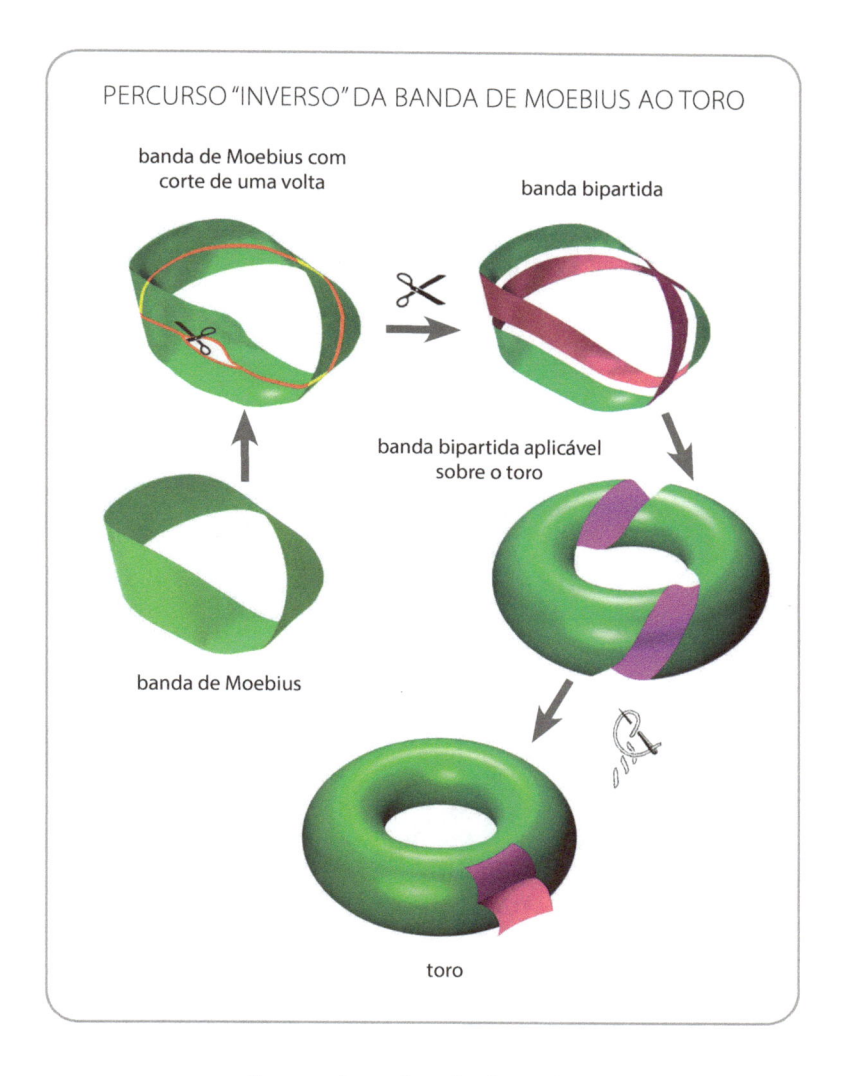

PERCURSO "INVERSO" DA BANDA DE MOEBIUS AO TORO

banda de Moebius com corte de uma volta

banda bipartida

banda bipartida aplicável sobre o toro

banda de Moebius

toro

por operar sobre a banda de Moebius, a restitui à superfície tórica".

Essa frase indica que as operações inversas podem ser entendidas como o caminho inverso ao esvaziamento (évidence/évidement) do toro neurótico que evidenciava a falsa banda de Moebius por aquele pinçamento/deslizamento particular (cf. p. 27).

Seguindo Ch. Fierens, mostramos o esquema das operações de ida e volta com as mudanças de estrutura[2].

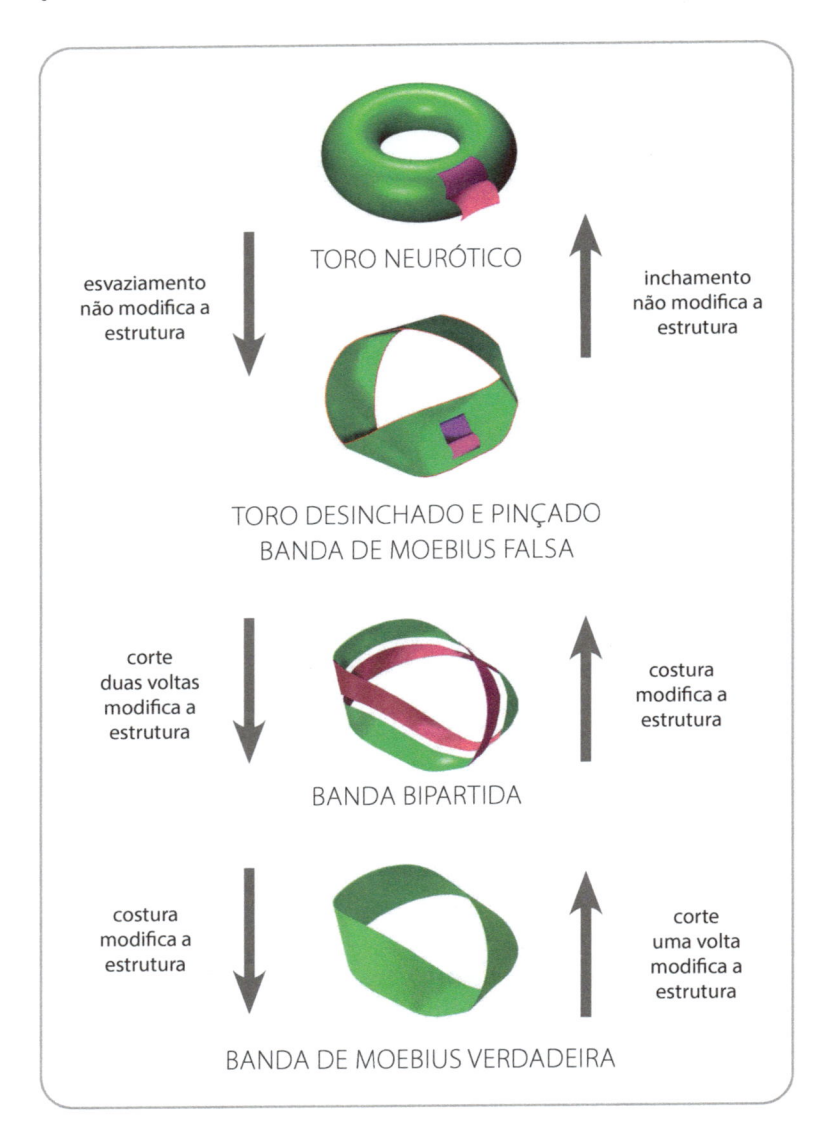

esvaziamento
não modifica a
estrutura

TORO NEURÓTICO

inchamento
não modifica a
estrutura

TORO DESINCHADO E PINÇADO
BANDA DE MOEBIUS FALSA

corte
duas voltas
modifica a
estrutura

costura
modifica a
estrutura

BANDA BIPARTIDA

costura
modifica a
estrutura

corte
uma volta
modifica a
estrutura

BANDA DE MOEBIUS VERDADEIRA

---

[2]Ibid., p. 255.

O caminho *invertido* nos reconduz da banda de Moebius ao toro de partida, em razão do que será preciso conferir alguma outra operatividade a essa banda de Moebius.

No seminário de 1965-66 já encontramos bem desenvolvido o estatuto da banda de Moebius, seu corte em dupla volta, e a banda bilátera, como estrutura do sujeito barrado:

> Esta banda [de Moebius] é o que, para nós, estruturalmente, melhor se aplica ao que defini para os senhores como sendo o sujeito, na medida em que o sujeito é barrado; o sujeito, na medida em que ele é, por um lado, algo que se envolve a si mesmo ou, ainda, esse algo que pode se bastar manifestando-se nesse simples redobramento, pois não há necessidade — ainda que a banda de Moebius permaneça isolada no centro e enlaçada a essa banda, que é como os senhores viram — de fazê-la, essa banda, simplesmente se redobrar. Eu posso refazer a estrutura de uma banda de Moebius. (*Seminário 13: O objeto da psicanálise*, aula 6, 12/01/1966)

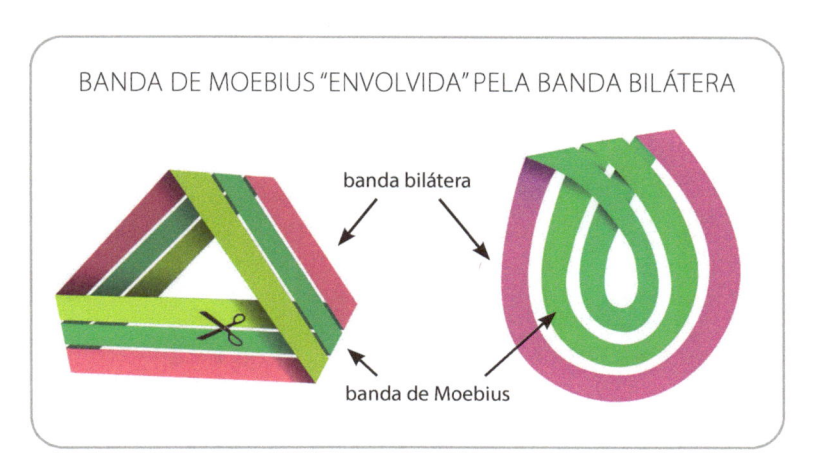

BANDA DE MOEBIUS "ENVOLVIDA" PELA BANDA BILÁTERA

banda bilátera

banda de Moebius

Ilustramos a citação com essas duas representações homólogas nas quais se visualiza o "sujeito barrado" como algo "que se envolve a si mesmo"

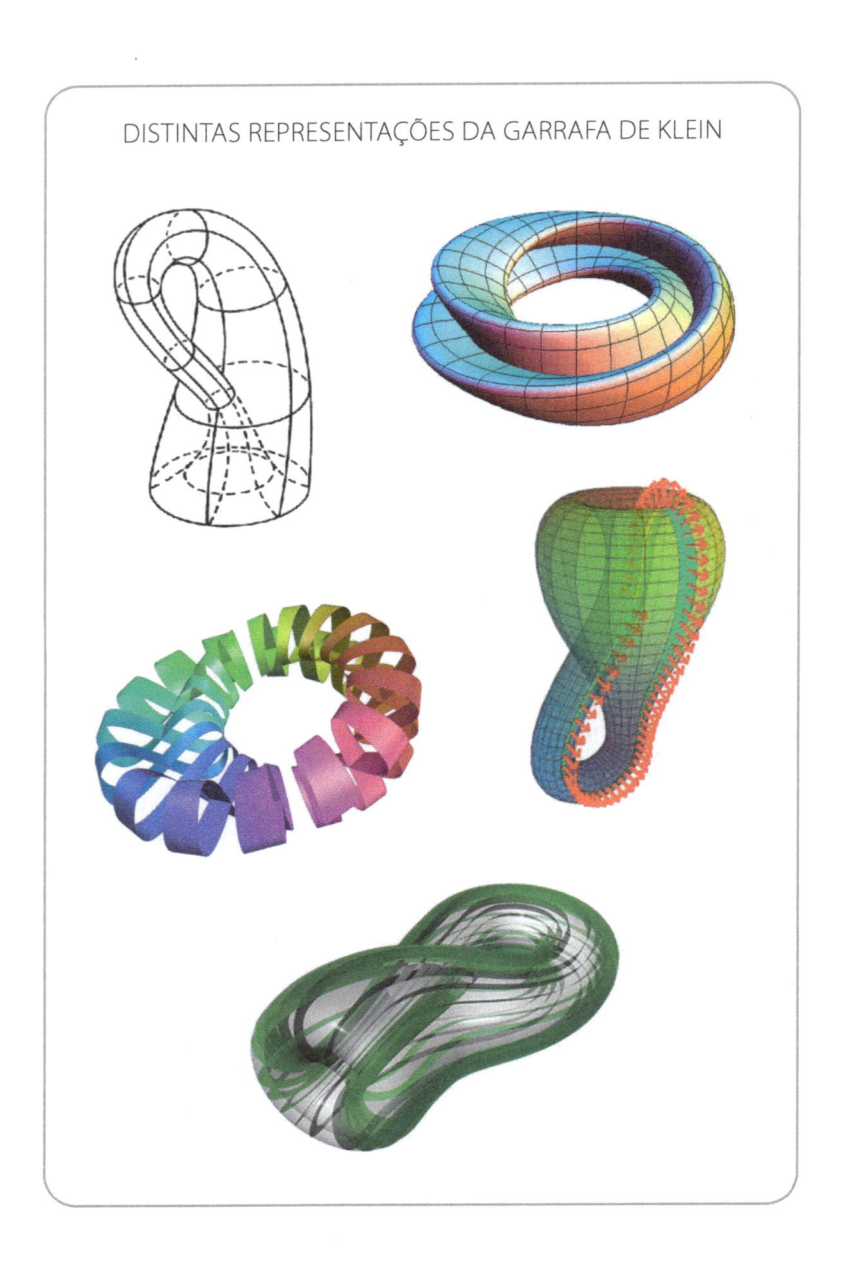

DISTINTAS REPRESENTAÇÕES DA GARRAFA DE KLEIN

7 | Uma suplência possível

Até aqui operamos utilizando unicamente cortes e costuras. Agora veremos como Lacan suplementa a banda de Moebius com outras superfícies, conseguindo, assim, novas estruturas topológicas.

Partindo do toro neurótico, conseguiu-se a banda de Moebius esvaziando-o (évidence/évidement), cortando a banda "**fingida**" e cosendo-a. Daí em diante há apenas dois caminhos:

1. Desaparecimento: Corte de uma volta que faz desaparecer a banda de Moebius; fica a banda bilátera que indica o caminho de volta ao toro neurótico.
2. Reprodução: Corte de duas voltas que, ao reproduzi-lo, volta a gerar a banda de Moebius ao infinito.

Lacan não para por aí.

DA BANDA DE MOEBIUS À GARRAFA DE KLEIN

O parágrafo §23.12 ensaia uma primeira opção: a garrafa de Klein.

> *Le trou de l'autre bord peut pourtant se supplémenter autrement, à savoir d'une surface qui, d'avoir la double boucle pour bord, le remplit; — d'une autre bande de Moebius, cela va de soi, et cela donne la bouteille de Klein.* (§23.12; AE471; OE472)

O furo da outra borda, no entanto, pode suplementar-se de outra maneira, a saber: com uma superfície que, por ter como borda o duplo fecho, preenche-o... com uma outra banda de Moebius, o que é patente — e isso resulta na garrafa de Klein.

O que Lacan propõe? Preencher o furo da banda de Moebius, cuja "**borda**" é uma "**dupla borda**", cosendo-a à borda ("é patente", está na cara...) — também um "**duplo fecho**"— de uma outra banda de Moebius. Lacan nos diz que "é patente" (está claro; está na cara; evidentemente; não precisa nem dizer...) que uma banda de Moebius pode ser acoplada a uma outra banda de Moebius resultando, com essa operação, na garrafa de Klein.

Observe-se que essa não é a única suplementação possível; podem-se fazer outras operações de "**costura**" — em particular, no parágrafo seguinte ele investigará outra das opções, acoplando uma superfície distinta: uma "*rondelle*" (§23.13).

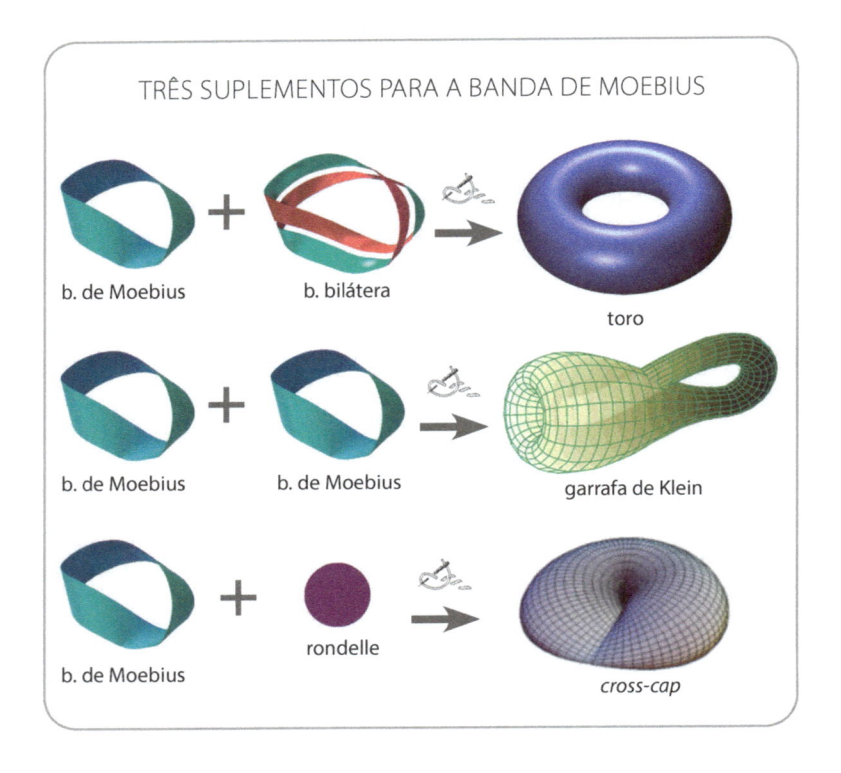

TRÊS SUPLEMENTOS PARA A BANDA DE MOEBIUS

b. de Moebius + b. bilátera → toro

b. de Moebius + b. de Moebius → garrafa de Klein

b. de Moebius + rondelle → *cross-cap*

O aturdito investiga três caminhos para conseguir uma transformação da banda de Moebius acoplando a ela uma outra superfície mediante "**costura**".

As três superfícies a que se chega são:

1. Toro, §23.11;
2. Garrafa de Klein, §23.12;
3. *Cross-cap*, em §23.13 e seguintes.

Lacan utiliza o termo "***supplémenter***" (suplementar) para a operação de acoplar outra superfície à banda de Moebius mediante "**costura**".

Pode-se comprovar que a opção 1 — suplementar a banda Moebius com a banda bilátera — é equivalente à operação descrita em §23.11, que se entende como caminho de retorno ao toro neurótico: é o mesmo que cosê-la pela própria borda, o que volta a confirmar que a banda de Moebius é igual à sua própria borda — como já especificamos em §23.10.

A GARRAFA DE KLEIN

Essa superfície não pode se construir verdadeiramente no nosso espaço tridimensional cotidiano devido à sua auto-penetração. Podemos, no entanto, imaginá-la, desenhá-la e descrever a sua "construção" de um modo simples, partindo de uma superfície plana quadrangular cujas bordas se unem da maneira que indicamos no esquema:

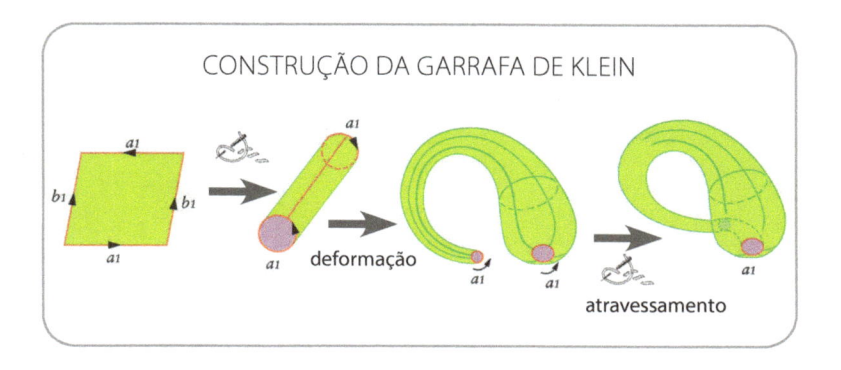

CONSTRUÇÃO DA GARRAFA DE KLEIN

deformação

atravessamento

Mas se a superfície de partida é uma fita de Moebius, pode-se chegar à garrafa de Klein cosendo a ela outra banda de Moebius disposta de uma determinada maneira. Esse modo é o que se descreve em §23.12.

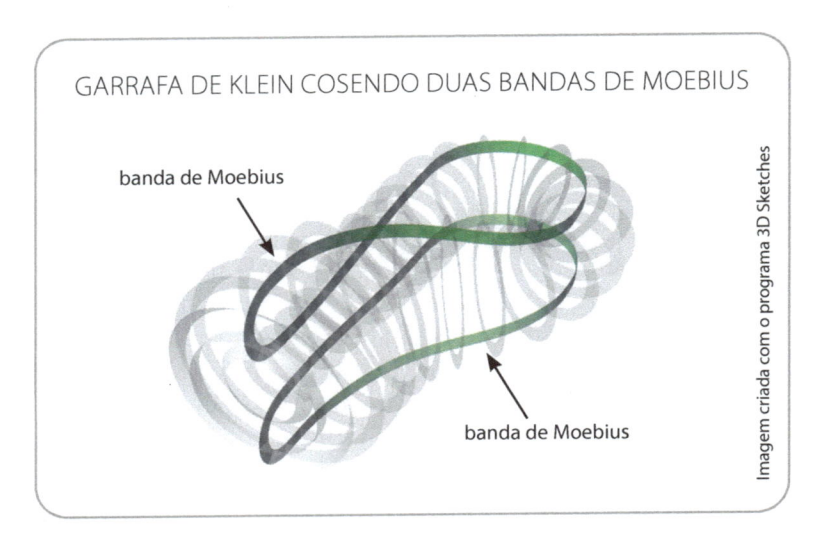

GARRAFA DE KLEIN COSENDO DUAS BANDAS DE MOEBIUS

banda de Moebius

banda de Moebius

Imagem criada com o programa 3D Sketches

Na imagem estão representadas em verde as duas bandas de Moebius que é preciso coser para obter a garrafa de Klein que se visualiza em cinza. Pode-se ver como seria preciso estender cada uma das bandas para uni-la com a outra que vem a suplementá-la. No texto lemos que **"pode suplementar-se [...] com uma outra banda de Moebius [...] e isso resulta na garrafa de Klein"**.

Em *O aturdito* não se especifica muito além disso essa suplência por aderência a outra banda de Moebius, mas podemos buscar a referência no *Seminário 13: O objeto da psicanálise* (1964-65, inédito).

> [...] poderá definir-se a relação original tal como ela se instaura a partir do momento em que, na linguagem, entram em função a fala e a dimensão da verdade. A conjunção não simétrica entre o sujeito e o lugar do Outro

é o que podemos, graças à garrafa de Klein, ilustrar. (*Seminário 13: O objeto da psicanálise*, aula 3, 15/12/1965)

Trata-se aqui da relação com o Outro, com maiúscula. Deve-se diferenciá-la, assim, da suposta relação com um outro (com minúscula), do enodamento neurótico, no qual a *demanda* segue a linha do *desejo* do outro e vice-versa — sujeitos submetidos a fazerem da sua demanda o que se supõe ser o desejo do outro (cf. *Seminário 13: O objeto da psicanálise*, aula 14, 21/03/1962, inédito.)

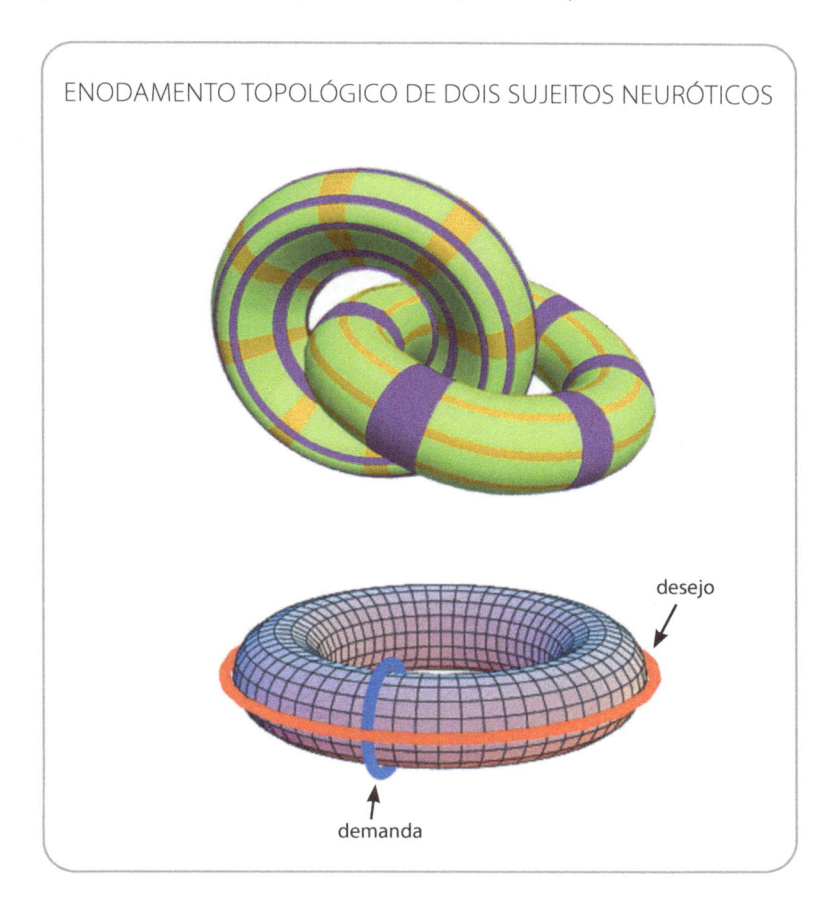

ENODAMENTO TOPOLÓGICO DE DOIS SUJEITOS NEURÓTICOS

desejo

demanda

DISTINTAS REPRESENTAÇÕES DO *CROSS-CAP*

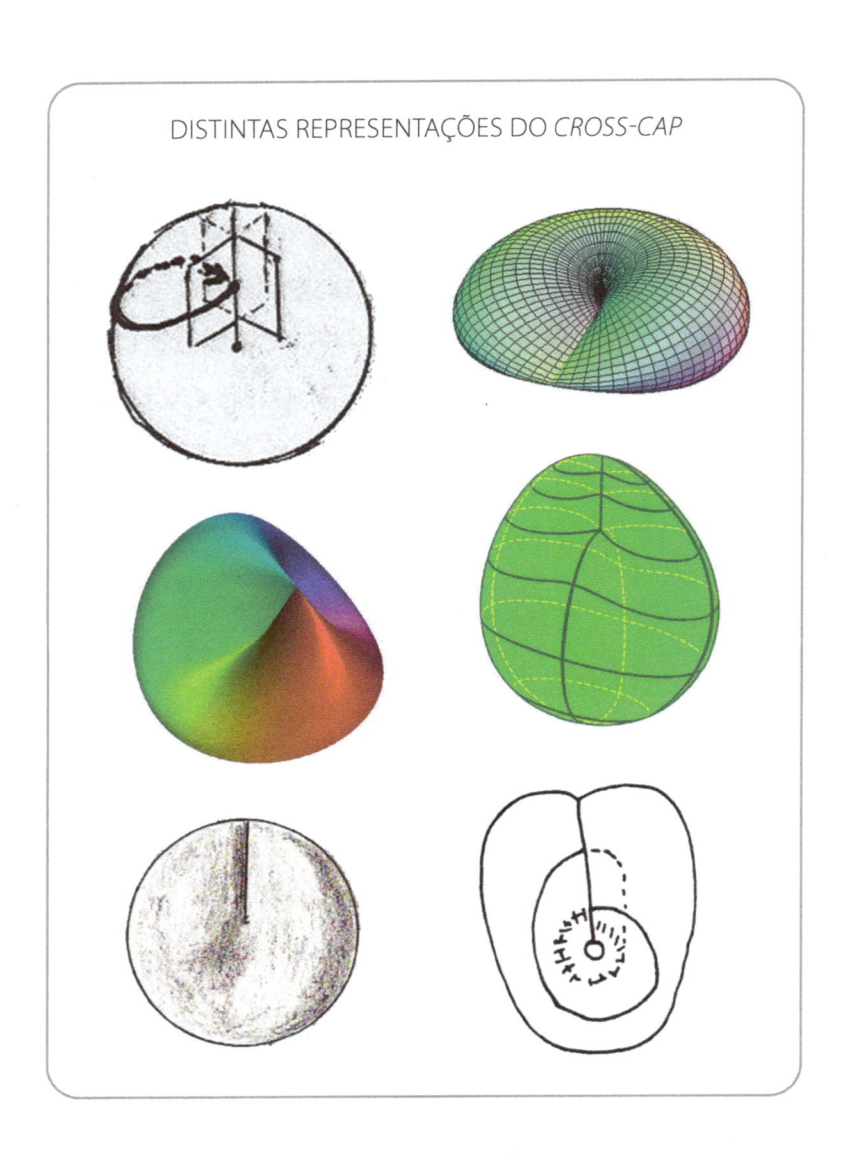

8 | Outro suplemento possível: da banda de Moebius ao *cross-cap*

4ª ETAPA: CRIAÇÃO DO *CROSS-CAP*

> *Il y a encore une autre solution: à prendre ce bord de la découpe en rondelle qu'à le dérouler il étale sur la sphère. A y faire cercle, il peut se réduire au point: point hors-ligne qui, de supplémenter la ligne sans points, se trouve composer ce qui dans la topologie se designe du cross-cap.* (§23.13; AE471; OE472)

> **Há ainda uma outra solução: tomar essa borda pelo recorte em rodela que, ao ser desenrolada, ela espalha sobre a esfera. Ao produzir um círculo, ela pode reduzir-se ao ponto: ponto extralinha, que, por suplementar a linha sem pontos, revela compor o que, em topologia, é designado pelo *cross-cap*.**

Antes de nos ocuparmos desse parágrafo, convém comentar que Lacan já havia mencionado o *cross-cap* na §15.4 de *O aturdito*, onde, sem descrevê-lo, assinala a importância que conferiu a ele em seu Seminário[1] do período de 1961-62,

---

[1] Lacan apresenta o *cross-cap* pela primeira vez no *Seminário 9: A identificação*, em 28 de março de 1962 (inédito).

quando introduziu essa superfície muito particular em seu ensino:

> *Mieux vaudrait pour l'apprivoiser avoir cette topologie dont relèvent ses vertus, pour être celle que j'ai dite à qui voulait m'entendre pendant que se poursuivait la trame destinée à me faire taire (année 61-62 sur l'identification). Je l'ai dessinée d'un cross-cap, ou mitre qu'on l'appelle encore... Que les évêques s'en chapotent, n'étonne pas.* (§15.4; AE461; OE461)

Mais valeria, para desbravá-lo, dispor dessa topologia da qual suas virtudes decorrem, por ser aquela de que falei, a quem quisesse me ouvir, enquanto se desenrolava a trama destinada a me fazer calar (anos 61-62, sobre a identificação). Desenhei-a através de um *cross-cap*, ou *mitra*, como ainda é chamada... Que os bispos se encapuzem com ela não é de admirar.

Nesses parágrafos anteriores mergulhando em cheio na topologia, ele também comenta a importância do corte circular para conhecer verdadeiramente a estrutura do *cross-cap*:

> *Il faut dire qu'il n'y a rien à faire si on ne sait pas d'une coupure circulaire, — de quoi ? qu'est-elle? pas même surface, de ne rien d'espace séparer —, comment pourtant ça se défait.* (§15.5; AE461; OE461)

Cumpre dizer que não há nada a fazer caso não se saiba, de um corte circular — do quê?... o que ele é?... nem sequer é uma superfície, por não separar espaço algum —, como é que isso, no entanto, se desfaz.

O trajeto desse corte circular é o mesmo por onde será preciso coser a *"rondelle"* à banda de Moebius para construí-la, operação que se descreve no parágrafo que nos ocupa (§23.13).

A RONDELLE, RODELA OU REDONDEL

É preciso tomar cuidado com o termo "*rondelle*", visto que em francês ele é utilizado tanto para designar uma "**rodela**" — isto é, uma superfície mais ou menos circular ou arredondada — como para uma "anilha" (um anel ou superfície com um furo). Mantemos o termo "*rondelle*" em francês e, conforme o caso, nós o especificamos como "*rodaja*" [rodela] ou "*redondel*" [redondel] — que mantém, em castelhano, essa ambiguidade.

O *cross-cap* se apresenta como uma possível "**solução**" à qual se chega "suplementando" a banda de Moebius que, nas operações de *O aturdito*, obtivemos a partir do toro neurótico. Essa solução consiste em acoplar, acrescentar a ela, um redondel recortado da esfera, cosendo-o à borda da banda de Moebius.

De que "redondel" se trata? Daquele que se obtém ao recortar um círculo de uma superfície esférica.

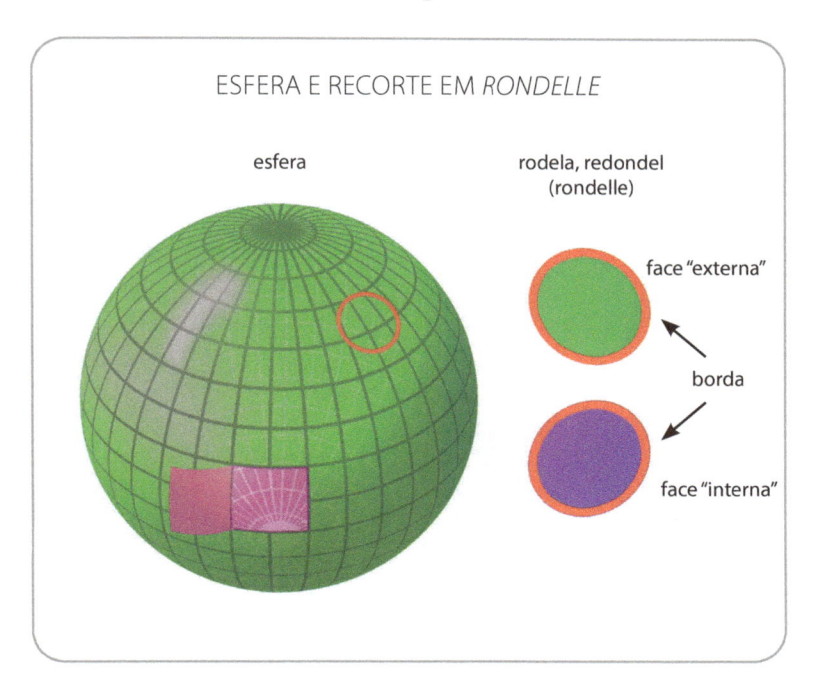

ESFERA E RECORTE EM *RONDELLE*

esfera

rodela, redondel
(rondelle)

face "externa"

borda

face "interna"

Uniremos esse redondel, essa rodela, à banda de Moebius cosendo as suas respectivas bordas para construir o *cross-cap*. Vamos nos ater à rodela.

Para recortar essa *rondelle*, podemos fazer qualquer corte que se feche numa volta, o que o torna topologicamente idêntico a um círculo. A rodela tem duas faces — as mesmas que a superfície esférica — e uma borda.

Esse redondel, que imaginamos desprendido da superfície da esfera, pode deformar-se abarcando muitos ou poucos pontos sem perder a sua identidade topológica. Em sua mínima expressão, pode-se pensá-lo como um único ponto, rodeado por uma linha de borda ou fronteira: "**Ao produzir um círculo, ela pode reduzir-se ao ponto: ponto extralinha** [...]" (§23.13).

A frase nos induz a imaginar o "redondel" como sendo composto por um único ponto, ainda que vá ser preciso que ele esteja rodeado pelos pontos da linha da borda para poder cosê-la à banda de Moebius e assim permanecer. É importante que haja ao menos um "**ponto extralinha**" (fora da linha da borda) porque, assim, o redondel conterá as duas faces da sua superfície e irá transmiti-las ao *cross-cap*, coisa que não aconteceria se tivéssemos somente os pontos da borda ou o ponto sem borda.

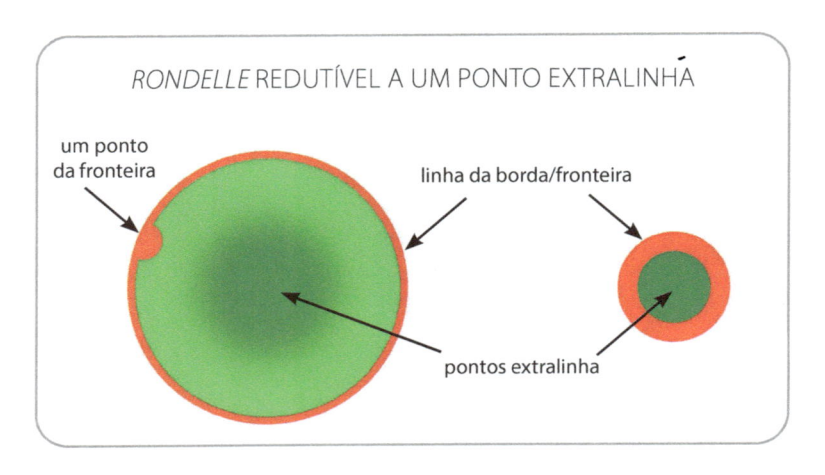

RONDELLE REDUTÍVEL A UM PONTO EXTRALINHA

um ponto da fronteira

linha da borda/fronteira

pontos extralinha

Essa *rondelle,* ou redondel, reduzida a um ponto é a mostração do objeto *a*.

Cumpre levar em conta que, em si mesma, ela não é mais que um recorte esférico — com a sua borda e as suas duas faces — que acabou de ocupar o seu lugar e a sua função como objeto *a* incorporada à estrutura, depois de aderir-se ao sujeito barrado que se apresenta como uma banda de Moebius.

Percebe-se, assim, que parte da complexidade para imaginar a estrutura do *cross-cap* — e, especialmente, esse modo de construí-lo, cosendo uma banda de Moebius a uma *rondelle* ou rodela esférica — reside na diferença radical das bordas a serem unidas: a borda da banda é uma linha torcida e a borda da *rondelle* não está torcida.

Nas imagens que se seguem são mostrados os trajetos e o processo de "suplementação", e assinala-se, tanto na banda quanto na *rondelle*, a linha de borda pela qual as superfícies se coserão. Indicamos com cor diferente os trechos do trajeto que vão de um ponto da borda até o seu conjugado para poder seguir melhor o percurso da costura. Ao final, os pontos identificados com o mesmo número ficarão unidos.

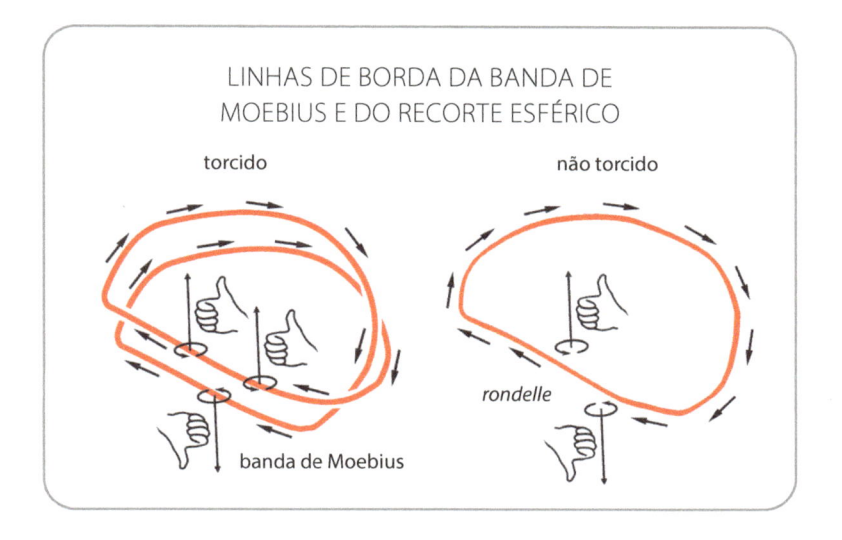

LINHAS DE BORDA DA BANDA DE MOEBIUS E DO RECORTE ESFÉRICO

torcido   não torcido

banda de Moebius   rondelle

Seguindo a trajetória das bordas, pode-se ver como a união das duas bordas produz um cruzamento da superfície resultante. Esse cruzamento foi introduzido pela torção da borda da banda de Moebius.

De um certo ponto de vista, podemos imaginar que a banda de Moebius retorce a rodela esférica transmitindo a ela a sua torção. De outro, podemos considerar que o furo da banda se fecha como efeito da sua união com o recorte que provém da esfera.

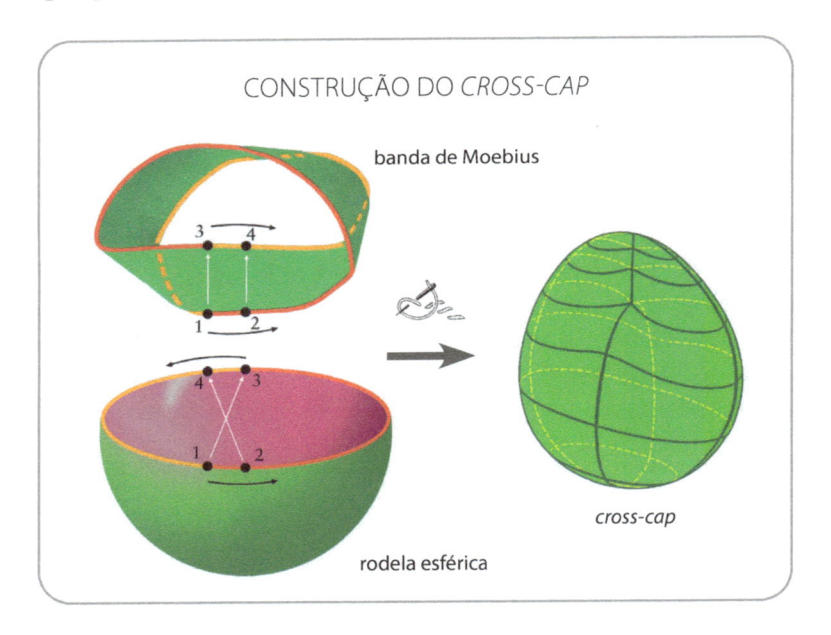

CONSTRUÇÃO DO *CROSS-CAP*

banda de Moebius

cross-cap

rodela esférica

PONTO EXTRALINHA E LINHA SEM PONTOS

Se essas maneiras de imaginar o *cross-cap* permitem compreender a sua forma, especialmente o seu entrecruzamento, ao mesmo tempo se perde algo do essencial da topologia dessa estrutura, isto é, do modo como se relacionam as duas dimensões dessa superfície.

Representar uma estrutura de duas dimensões num espaço de três dimensões é o que leva a um apego imaginário que Lacan vê como sendo contraproducente, ainda que inevitável. Veremos um pouco mais adiante que Lacan se ocupa, em *O aturdito* (cf. p. 100), de assinalar essa dificuldade.

A "*rondelle*" aporta esse "**ponto extralinha**". Pode-se imaginar a rodela como um disco da superfície que se quiser, mas o mínimo é um único ponto que nunca pertencerá à linha da borda. Reduzir a rodela ao ponto extralinha é adequado para figurar o objeto *a* reduzido ao mínimo quanto à sua substância.

Para criar o *cross-cap* será suficiente esse único ponto que faz com que o redondel esférico se *retorça*: "[...] **ponto extralinha, que, por suplementar a linha sem pontos, revela compor o que, em topologia, é designado pelo *cross-cap***".

Temos, assim, os dois elementos para compor o *cross-cap* levados ao mínimo: a banda de Moebius como puro corte, como uma "**linha sem pontos**" — expressão que pode parecer paradoxal caso se imagine as linhas como sucessões de pontos, segundo a figuração da geometria elementar —; e a "*rondelle*", redondel esférico, reduzida a apenas um "**ponto extralinha**", que será sua contribuição ao *cross-cap*.

Uma última ressalva: seguindo alguns textos de topologia[2], é possível construir o *cross-cap* a partir da costura, de forma invertida, dos lados opostos de um quadrilátero — topologicamente idêntico ao redondel esférico —, prescindindo de suplementá-lo com uma banda de Moebius.

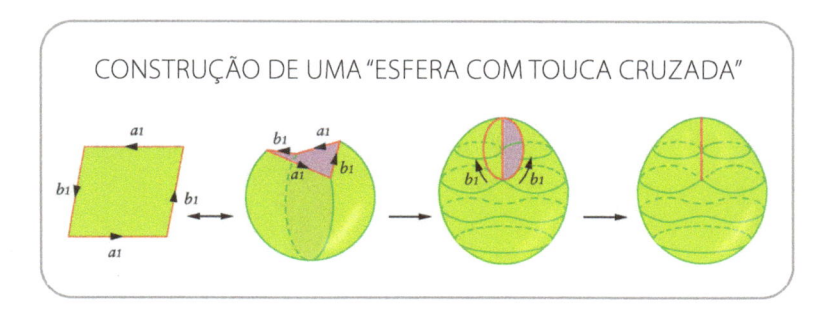

CONSTRUÇÃO DE UMA "ESFERA COM TOUCA CRUZADA"

---

[2] Cf. REINHARD, F. SOEDER, H. *Atlas de matemáticas*, vol. 1. Madri: Alianza, 1984, p. 246.

Do nosso ponto de vista, e se entendemos que a banda de Moebius (Lacan diz isso uma vez ou outra) é equivalente à sua borda — essa linha torcida, esse trajeto retorcido, essa "**linha sem pontos**" (cf. p. 60) —, a operação de unir os lados do quadrilátero do modo que se especifica é construir com esses lados uma banda de Moebius que introduz a torção necessária que modificará radicalmente a superfície. Visto assim, o nosso *cross-cap* é apenas um ponto preso a uma linha torcida.

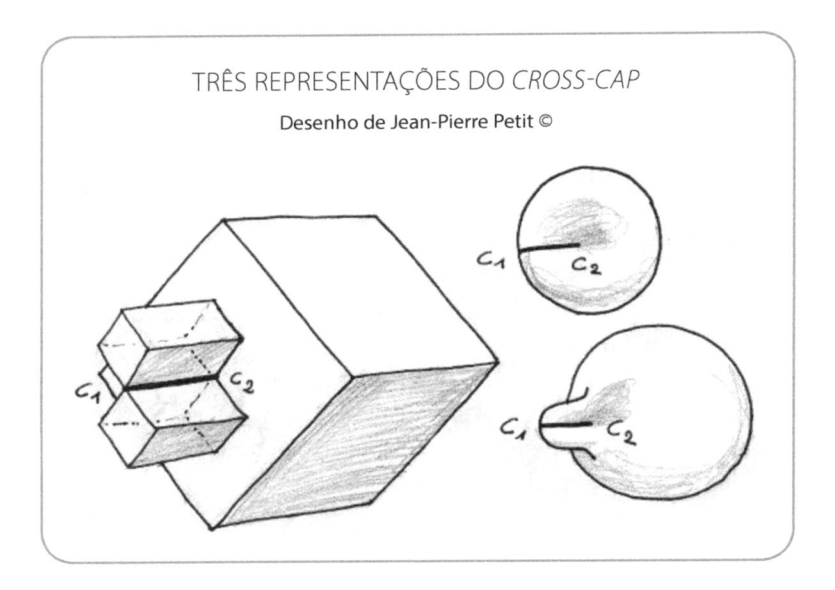

TRÊS REPRESENTAÇÕES DO *CROSS-CAP*

Desenho de Jean-Pierre Petit ©

9 | A asfera

> *C'est l'asphère, à l'écrire : l, apostrophe. Le plan projectif autrement dit, de Desargues, plan dont la découverte comme réduisant son horizon à un point, se précise de ce que ce point soit tel que toute ligne tracée d'y aboutir ne le franchit qu'à passer de la face endroit du plan à sa face envers.* (§23.14; AE471; OE472)

É a asfera, escrito assim: com "a". O plano projetivo, dito de outro modo, de Desargues; plano cuja descoberta, como que reduzindo o seu horizonte a um ponto, esclarece-se pelo fato de esse ponto ser tal que toda linha traçada, ali chegando, só o traspõe ao passar do direito ao avesso do plano.

Nesse parágrafo aparecem novos termos que Lacan utiliza para nomear o *cross-cap* ou, melhor dizendo, a estrutura topológica que se *visualiza* em nosso espaço tridimensional como *cross-cap*. Precisemos os termos:

- **asfera**
- **plano projetivo**
- ***cross-cap***

Asfera: "*asphère*", *a*-sfera, é um termo inventado por Lacan. Incorpora o *a* minúsculo, valorizando a entrada em jogo do objeto *a* na estruturação do sujeito. Também pode ser lida como indicativo do efeito transformador da invenção do objeto *a*, que contrasta com a concepção esférica do sujeito — que Lacan recusa.

Plano projetivo: não obstante o fato de que nesse texto não seja especificado, trata-se do "plano projetivo *real*". Cumpre entender aqui o termo *real* como correspondente aos números reais, os quais especificam algebricamente aquilo que geometricamente representamos por linhas (uma dimensão), superfícies ou planos (duas dimensões), volumes (três dimensões) e outros espaços contínuos de mais dimensões. O termo "plano projetivo", sem o adjetivo "real", compreende outros espaços que não o utilizado por Lacan.

Cross-cap: é uma representação da asfera — ou, o que dá na mesma, de um plano projetivo — no espaço tridimensional. Leve-se em conta o fato de que, devido ao seu cruzamento, ele não pode se construir fisicamente, embora se possa desenhá-lo ou gerar imagens virtuais que o representem.

O PLANO PROJETIVO REAL

O *plano real* (euclidiano) é o espaço infinito de duas dimensões que imaginamos como uma superfície infinita, compacta, contínua e conexa (isto é, todos os pontos uns do lado dos outros, não havendo vazios entre eles). Cada ponto está especificado por um par de números reais. A condição de *projetivo* é sobretudo restritiva; ela faz com que o plano euclidiano *standard* de duas dimensões — esse que imaginamos infinito em qualquer direção — se feche. O nome de "plano de Desargues" faz referência a Gérard Desargues (1591-1661), considerado, junto com B. Riemman, o criador da Geometria Descritiva e do teorema que leva seu nome, referente ao plano projetivo. Lacan já havia se referido a esse autor em *O objeto da psicanálise* (Seminário 13)[1] a respeito dos esquemas ópticos, e voltará a fazê-lo em

---

[1]LACAN, J. (1965-1966) *Le séminaire, livre XIII: L'objet de la psychanalyse*, 15 de dezembro de 1965 e 18 de maio de 1966, inédito.

RSI (Seminário 22)[2], evocando o tratamento que ele faz das linhas no infinito.

Na "**asfera**", ou "**plano projetivo**" real, o infinito fica reduzido a um ponto; já não há um horizonte da nossa percepção situado no infinito.[3]

O horizonte já não pode ser imaginado nem como uma linha, nem como uma fronteira que separa um aquém de um além, nem tampouco como um infinito que nunca se alcança. Tal distribuição do espaço fica desconstruída no plano projetivo; a categoria do infinito inalcançável é substituída pelo "**anverso**", que está em continuidade com o "**avesso**". Atravessar o horizonte implicaria passar para o *outro lado*, e qualquer trajeto que o atravessasse passaria de um lado para o outro.

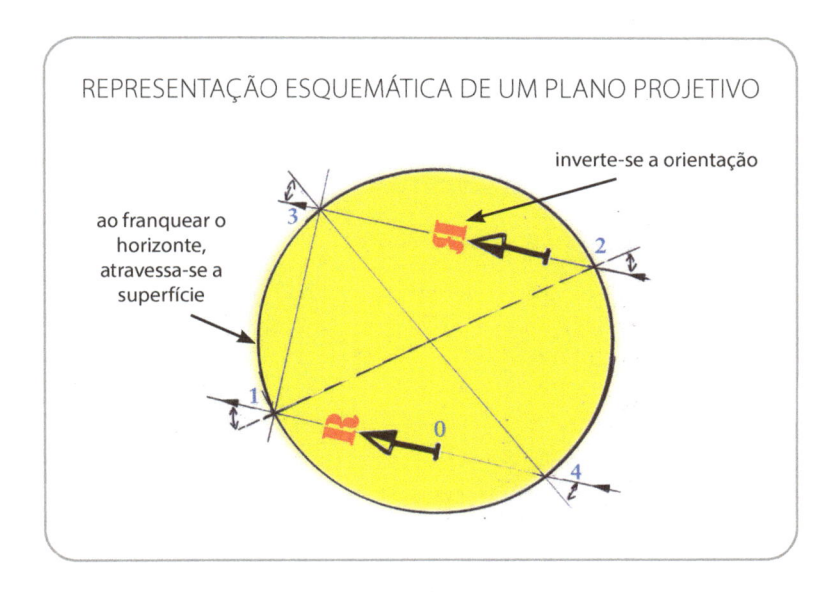

REPRESENTAÇÃO ESQUEMÁTICA DE UM PLANO PROJETIVO

inverte-se a orientação

ao franquear o horizonte, atravessa-se a superfície

---

[2]LACAN, J. (1974-1975) *Le séminaire, livre XXII: RSI* [1974-75], 10 de dezembro de 1974, inédito.

[3]No plano projetivo todas as retas têm um ponto em comum e as paralelas cruzam-se num ponto chamado de "ponto impróprio". Esse plano tem a peculiaridade de que toda afirmação válida (teorema) para certos pontos e retas é também válida intercambiando pontos com retas, e vice-versa.

Mais simplesmente, podemos ver o funcionamento do plano projetivo como um cenário (uma tela, por exemplo) no qual um personagem, que caminha reto, sai por um lado e volta a entrar imediatamente pelo lado oposto (similar ao come-come do *Pacman*).

No desenho, um personagem que está em 0 e caminha reto: sai por 1; entra imediatamente por 2, seguindo a mesma direção; sai por 3 e volta a entrar em 4. Na representação esquemática, o "**horizonte**" está representado como uma circunferência, mas funciona como se fosse um único "**ponto**".

Para ser mais preciso, qualquer cruzamento do horizonte inverte a orientação de *quem* o cruza. No desenho, um hipotético ser bidimensional (representado por um R) inverte-se ao cruzar o horizonte, de modo que a sua imagem não é idêntica, mas especular — imagem que ele recupera quando volta a atravessá-lo pela segunda vez.

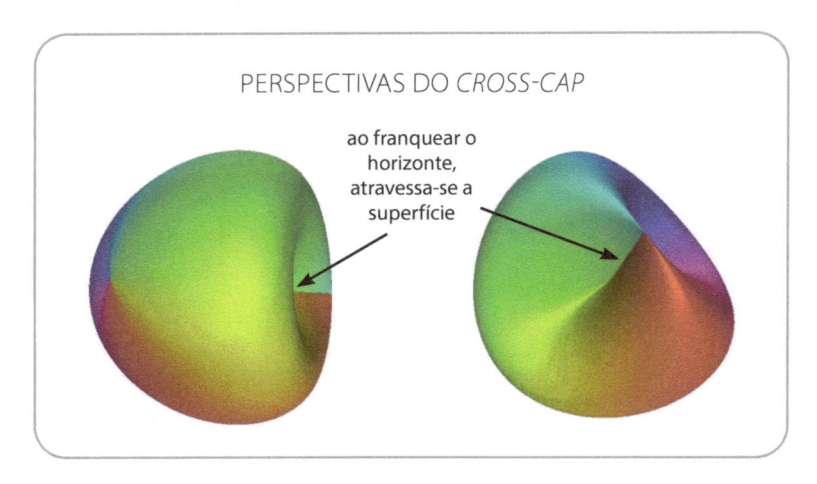

PERSPECTIVAS DO *CROSS-CAP*

ao franquear o horizonte, atravessa-se a superfície

Atravessar o "**horizonte**" que o plano projetivo pode reduzir a "**um ponto**" — *ponto impróprio*, como se nomeia o horizonte em algumas geometrias projetivas — funciona como uma espécie de atravessamento do espelho, provocando uma inversão lateral, direita/esquerda.

O infinito como horizonte inalcançável, ilimitado em qualquer direção, permanece transposto na reprodução inesgotável do que retorna — do direito ou do avesso —, mas contido numa superfície delimitada.

Leve-se em conta que, se no plano projetivo o horizonte se reduz a um ponto, no *cross-cap* — a sua representação (ou imersão), nesse texto, em espaço tridimensional (levando em conta que há outras: a superfície de Boy, por exemplo) — ele aparece como a linha de autoatravessamento da superfície.

No parágrafo seguinte, o texto focaliza esse "**ponto**" do plano projetivo, equivalente à "**linha**" de cruzamento que *aparece* no *cross-cap*.

Uma linha inapreensível

Ce point aussi bien s'étale-t-il de la ligne insaisissable dont se dessine dans la figuration du cross-cap, la traversée nécessaire de la bande de Mœbius par la rondelle dont nous venons de la supplémenter à ce qu'elle s'appuie sur son bord. (§23.15; AE471; OE472)

Esse ponto também se espalha pela linha inapreensível com a qual se desenha, na figuração do *cross-cap*, o atravessamento necessário da banda de Moebius pela rodela com que acabamos de suplementá-la, de modo que ela se apoie em sua borda.

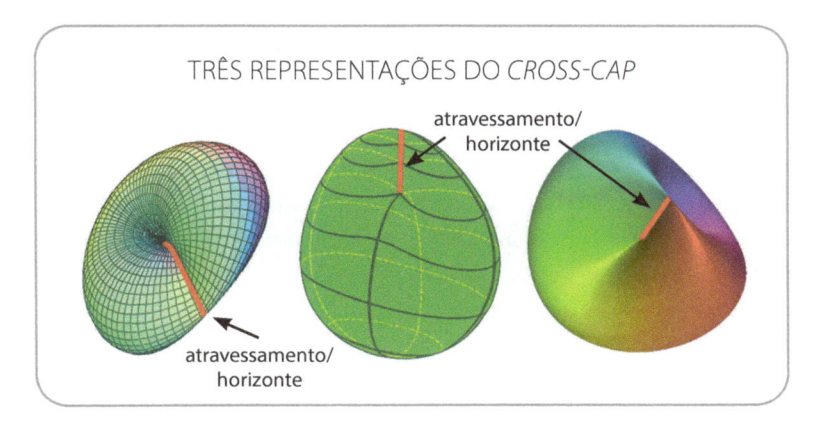

TRÊS REPRESENTAÇÕES DO *CROSS-CAP*

atravessamento/ horizonte

atravessamento/ horizonte

O ponto ao qual se reduziu o horizonte no plano projetivo não aparece normalmente como um ponto no *cross-cap* — uma das figurações do plano projetivo —, visto que ele "**se espalha**", aparecendo ao longo de toda a "**linha inapreensível**". Pode-se desenhar essa linha para visualizar o cruzamento, ainda que ela não tenha localização nem comprimento definidos — sendo apenas esse ponto estendido no cruzamento da própria superfície. Deformando o *cross-cap*, pode-se reduzir a linha à sua mínima expressão, isto é, a um único ponto.

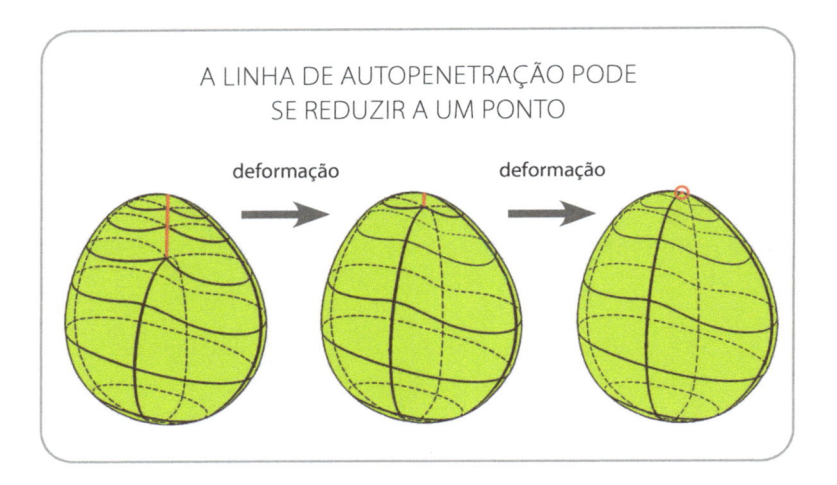

A LINHA DE AUTOPENETRAÇÃO PODE SE REDUZIR A UM PONTO

deformação   deformação

Deformando o *cross-cap*, pode-se imaginá-lo com um único ponto singular no qual a superfície se retorce de maneira tal que qualquer trajeto que passe por esse ponto atravessa a superfície e dá acesso ao outro lado. Esse ponto é o horizonte do plano projetivo e, ao atravessá-lo, passa-se da face externa à face interna. Que haja uma face externa e outra interna é só aparência (localmente figuram duas faces), visto que a totalidade da superfície está em continuidade e só há uma face.

Para prosseguir com metáforas anteriores, diríamos que na "[...] **linha inapreensível com a qual se**

desenha [...]" convergem todos os olhares. Ali se verifica que não há fronteiras entre dentro e fora; ali convergem o direito e o avesso — este lado e o outro lado do espelho.

Retomando a citação: coseu-se a borda da **"banda de Moebius"** com o **"redondel"** esférico, o que produz uma **"travessia necessária"** da superfície, devido à diferente torção dessas duas bordas antes da costura.

Podemos imaginar essa **"linha inapreensível"** do *cross-cap* reduzida à sua mínima expressão ou estendida ao máximo:

- no primeiro caso, a figura do *cross-cap* concentra sua parte moebiana e seu cruzamento num só ponto, enquanto que a sua parte esférica (a *"rondelle"*) se estende ao máximo;
- no segundo caso é o contrário: a parte moebiana estende-se a toda a superfície, e a *"rondelle"* reduziu-se a esse único ponto esférico, o mínimo necessário.

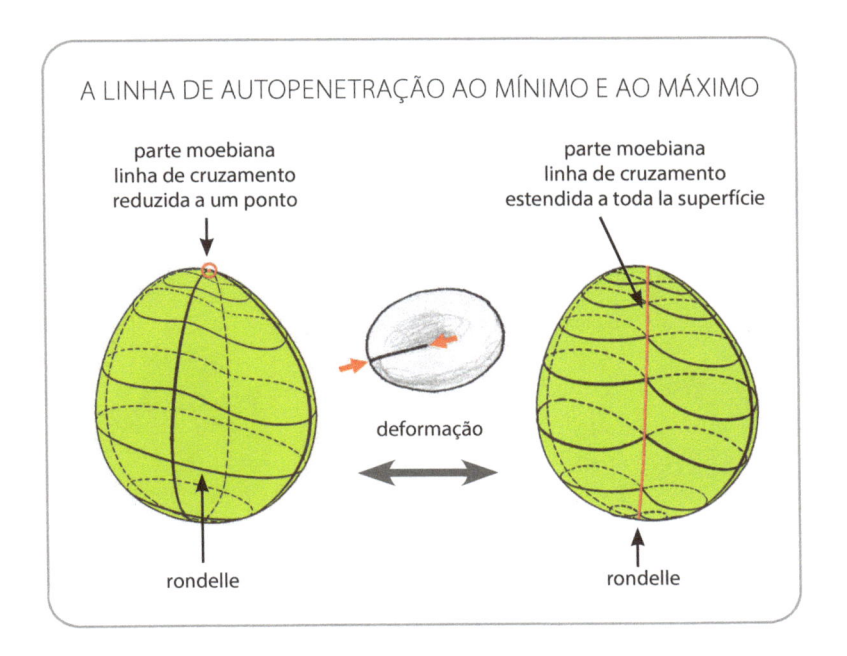

A LINHA DE AUTOPENETRAÇÃO AO MÍNIMO E AO MÁXIMO

parte moebiana
linha de cruzamento
reduzida a um ponto

parte moebiana
linha de cruzamento
estendida a toda la superfície

deformação

rondelle

rondelle

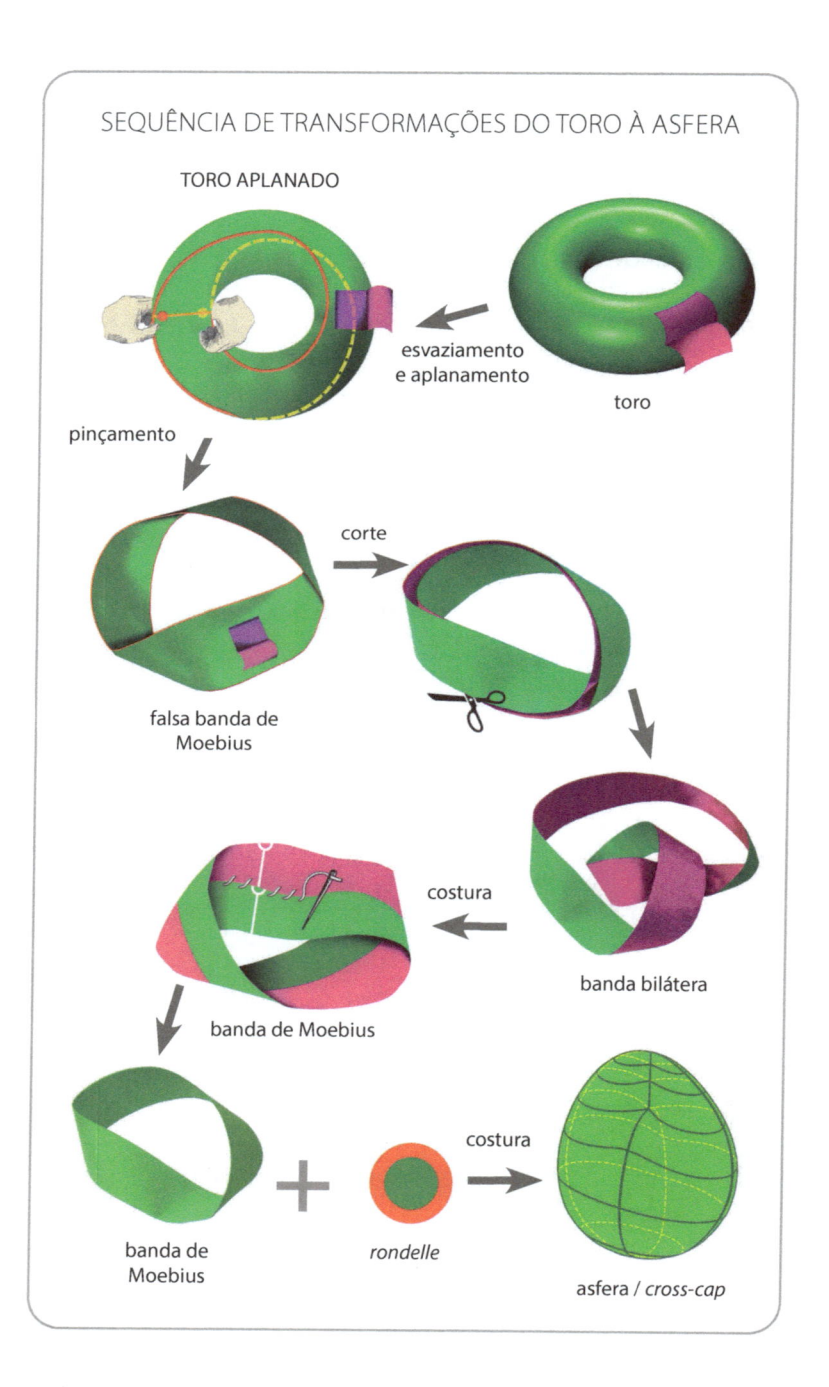

SEQUÊNCIA DE TRANSFORMAÇÕES DO TORO À ASFERA

TORO APLANADO

esvaziamento e aplanamento

toro

pinçamento

falsa banda de Moebius

corte

banda bilátera

costura

banda de Moebius

banda de Moebius

+

rondelle

costura

asfera / cross-cap

A SEQUÊNCIA DE CORTES E COSTURAS

Por fim, J. Lacan faz uma recapitulação do processo que, partindo do toro — e depois de passar por diversas superfícies intermediárias, mediante cortes e costuras —, chega ao *cross-cap* acrescentando um suplemento. O texto assinala como "**notável**" essa operação final de suplementação que faz com que apareça a "**asfera**".

Além de cortes e costuras, o toro necessita de um suplemento que vem de fora (a *rondelle* que provém da esfera); e é precisamente esse recorte esférico que evidencia a asfericidade.

> *Le remarquable de cette suite est que l'asphère (écrit: l, apostrophe), à commencer au tore (elle s'y présente de première main), ne vient à l'évidence de son asphéricité qu'à se supplémenter d'une coupure sphérique.* (§23.16; AE471; OE472)

> O notável dessa sequência é que a asfera (escrito com "a"), começando no toro (ela se apresenta nele em primeira mão), só chega à evidência de sua asfericidade ao ser suplementada por um corte esférico.

A relação sujeito/objeto revela a sua natureza asférica assim que o sujeito dividido ($) se apresenta como aderido ao recorte esférico (*a*). Corte e costura (as interpretações e os seus efeitos no neurótico) produzem a divisão moebiana do sujeito; com isso, um "objeto" que é recorte da esfera cai sobre a banda de Moebius, adere-se a ela.

Nesse parágrafo pode-se ler que não há nenhuma *natureza* do nosso sujeito, mas diferentes *apresentações* com os seus avatares. Assim, "**em primeira mão**" (na entrada da análise) apresenta-se como um toro neurótico que, submetido aos cortes interpretativos e aos seus efeitos, se *moebiza*. Com isso se produz uma retificação da superfície, na qual *algo* exterior — apenas um ponto e uma borda, aderida à sua banda de Moebius — permite que ela se apresente em sua "**asfericidade**".

O final da frase constata, com certa ironia, um paradoxo: aquilo que provê a "**asfericidade**" provém de uma superfície que não o é, que é esférica. Caso consideremos a experiência analítica em sua entrada, nas interpretações, nos momentos cruciais e na saída, talvez pudéssemos nos arriscar a dizer que o sujeito *não é*, mas apenas *se apresenta*... Por fim, ele só emergirá como sujeito dividido (banda de Moebius) ao deixar cair o objeto *a* (*rondelle*), correspondendo ao atravessamento da fantasia.

E surge então a indagação sobre o que sucede com a pulsão a partir de então...! A questão já estava posta em 1964, em *Os quatro conceitos fundamentais da psicanálise*. Lacan se pergunta: "como um sujeito que atravessou a fantasia radical pode viver a pulsão?". Indagação à qual os analistas poderiam responder, caso se pense que eles percorreram "em sua totalidade o ciclo da experiência analítica"[4].

---

[4] LACAN, J. (1963-1964) *O seminário, livro 11: Os quatro conceitos fundamentais da psicanálise*. Trad. M.D. Magno. Rio de Janeiro: Editora Zahar, 1985, p. 258.

10 | Não é metáfora

Discurso, matema e metáfora

Nos extensos parágrafos que se seguem (do §24.1 ao §25.11), J. Lacan se afasta da exposição dos elementos topológicos em si (superfícies, linhas, transformações, cortes, adições...) para refletir, explicar e justificar o próprio recurso à topologia, situando-a em relação ao seu próprio discurso e ao discurso psicanalítico.

> *Ce développement est à prendre comme la référence — expresse, je veux dire déjà articulée — de mon discours où j'en suis: contribuant au discours analytique.* (§24.1; AE471; OE472)

> **Esse desenvolvimento deve ser tomado como a referência — expressa; quero dizer: já articulada — do meu discurso no ponto em que me encontro: contribuindo com o discurso analítico.**

As transformações topológicas de uma superfície em outra — mediante cortes, costuras e suplementos — constituem um desenvolvimento que é como uma referência "**expressa**" ao discurso de Jacques Lacan; uma referência manifesta, esquemática, explícita, isto é, "**articulada**" num conjunto transmissível. J. Lacan se declara situado ali, em seu discurso, nesse ponto — "**ponto**" ao qual chegou na construção do "**discurso analítico**".

> *Référence qui n'est en rien métaphorique. Je dirais : c'est de l'étoffe qu'il s'agit, de l'étoffe de ce discours, — si justement*

ce n'était pas dans la métaphore tomber là. (§24.2; AE471; OE472)

Referência que nada tem de metafórica. Eu diria: é do estofo que se trata, do estofo desse discurso — como se isso já não fosse, justamente, cair na metáfora.

Lacan afirma aqui que, com a topologia, pode-se ir além do registro metafórico; que a topologia contribui com o **"estofo"** do discurso analítico, ainda que (especifica ele) dizê-lo assim já seja cair na metáfora — inevitável, por outro lado, no dizer...

> *Pour le dire, j'y suis tombé; c'est déjà fait, non de l'usagé du terme à l'instant répudié, mais d'avoir, pour me faire entendre d'à qui je m'adresse, fait-image, tout au long de mon exposé topologique.* (§24.3; AE472; OE472)

> Ao dizê-lo, nela caí; já está feito, e não pelo uso do termo há pouco repudiado, mas por ter — para me fazer entender por aqueles a quem me dirijo — feito-imagem, ao longo de toda a minha exposição topológica.

O "estofo" do discurso psicanalítico não são as superfícies, as linhas etc. — isto é, as imagens às quais ele recorreu ao longo da sua exposição topológica (que desdobramos neste guia) —, mas as relações de estrutura que a topologia é capaz de descrever. Ele reconhece que caiu na metáfora ao ter feito imagem, mas que isso também foi necessário a fim de **"me fazer entender"** pelos psicanalistas.

Essa dupla posição paradoxal — por um lado, desvalorizar o aspecto **"metafórico"** da topologia e, por outro, considerá-lo necessário para a transmissão da psicanálise — pode ser rastreado em múltiplas ocasiões ao longo de seu ensino, especialmente nos seminários. Como amostra, transcrevemos apenas estas duas citações anteriores a *O aturdito*:

Aquilo a que eu os conduzo, com essas fórmulas topológicas, [...] é a considerar que essas superfícies são estruturas.[1]

Cuidado! São suportes para o pensamento dos senhores. Suportes que não deixam de ser artificiosos. Mas não há topologia que não demande sustentar-se com algum artifício. É justamente o resultado do fato de o sujeito depender do significante; dito de outro modo: de certa impotência do pensamento dos senhores.[2]

Poderia se fazer de outro modo? O texto responde:

Qu'on sache qu'il était faisable d'une pure algèbre littérale, d'un recours aux vecteurs dont d'ordinaire se développe de bout en bout cette topologie. (§24.4; AE472; OE472)

Saiba-se que isso era factível mediante uma pura álgebra literal, mediante um recurso aos vetores com que comumente se desenvolve, de uma ponta a outra, essa topologia.

Resposta afirmativa! Seria possível fazer uma exposição puramente algébrica, sem recorrer às imagens das superfícies, utilizando unicamente "**letras**" — como se costuma chamar (mais em francês do que em castelhano) os símbolos utilizados na escrita algébrica (letras romanas, gregas, flechas, sinais lógicos e matemáticos etc.) —, e desenvolver, com essa escrita, a álgebra dos espaços vetoriais. Como exemplo podemos ver as seguintes expressões algébricas:

---

[1]LACAN, J. (1961-1962) *Le séminaire, livre IX: L'Identification*, 23 de junho de 1962, inédito.
[2]LACAN, J. (1963-1964) *O seminário, livro 11: Os quatro conceitos fundamentais da psicanálise.* Trad. M.D. Magno. Rio de Janeiro: Editora Zahar, 1985, p. 198.

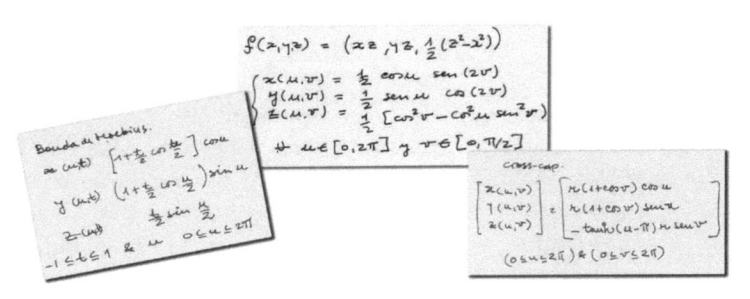

O que é a topologia, então? Que relação ela tem com o discurso psicanalítico, com o discurso filosófico, com o discurso científico, com a escrita...?

> *La topologie, n'est-ce pas ce n'espace où nous amène le discours mathématique et qui nécessite révision de l'esthétique de Kant?* (§24.5; AE472; OE473)

> Acaso a topologia não é, nesse passo, o n'espaço pra onde nos leva o discurso matemático e que exige revisão da estética de Kant?

Será a topologia esse local para onde o discurso matemático nos leva? Para situá-la, Lacan recorre à invenção do termo *"n'espaço"*. Em francês, *n'espace* é homofônico de *n'est-ce pas?* (não é?), o que parece colocar em questão o estatuto do ser, tema que se desenvolve na primeira volta de *O aturdito*.[3]

Esse questionamento, impulsionado pelo discurso matemático, supõe uma revisão da estética kantiana e coloca em causa a ontologia do *ser* a partir do *dizer*. O ser, definido ao modo clássico — isto é, associado ao conceito —, supõe um dentro e um fora muito bem representado pelo

---

[3]Cf. FIERENS, C. (2002) *Lectura de L'étourdit*. Trad. R. Cevasco; J. Chapuis. Barcelona: Ediciones S&P, 2012, p. 268.

espaço esférico. O ser dessa ontologia permanece imerso numa topologia esférica.

Pas d'autre étoffe à lui donner que ce langage de pur mathème, j'entends par là ce qui est seul à pouvoir s'enseigner: ceci sans recours à quelque expérience, qui d'être toujours, quoi qu'elle en ait, fondée dans un discours, permet les locutions qui ne visent en dernier ressort rien d'autre qu'à, ce discours, l'établir. (§24.6; AE472; OE473)

Não há outro estofo a lhe dar, a não ser essa linguagem de puro matema, e entendo por isso a única coisa que se pode ensinar: isso sem recorrer a nenhuma experiência, que — por estar sempre fundada, seja ela qual for, num discurso —, permite as locuções que, em última instância, não visam nada além de estabelecer esse discurso.

Seria preciso, então, recorrer somente ao matema e deixar de lado qualquer outra coisa. Essa "**linguagem de puro matema**" é a única que se pode ensinar sem perda. Conviria fazê-lo sem recorrer a nenhuma experiência, dado que elas sempre são de fatos de discurso e, por isso mesmo, não podemos deixar de utilizar locuções que, com a ilusão de que sejam unívocas, apontam, na realidade, para uma pura repetição desse discurso, bloqueando a virada de um discurso a outro.

Quoi m'autorise dans mon cas à me référer à ce pur mathème? (§24.7; AE472; OE473)

O que me autoriza, no meu caso, a me referir a esse puro matema?

Lacan se pergunta aqui: quem ou o que o autoriza a tomar como referência o puro matema para uma experiência como a experiência analítica? Ele responderá essa pergunta um pouco mais adiante: em §24.9. Antes, porém:

Je note d'abord que si j'en exclus la métaphore, j'admets qu'il puisse être enrichi et qu'à ce titre il ne soit, sur cette voie, que récréation, soit ce dont toute sorte de champs nouveaux mathématiques se sont de fait ouverts. Je me maintiens donc dans l'ordre que j'ai isolé du symbolique, à y inscrire ce qu'il en est de l'inconscient, pour y prendre référence de mon présent discours. (§24.8; AE472; OE473)

Assinalo primeiramente que, se dele excluo a metáfora, admito que ele [o discurso analítico] pode ser enriquecido e que, a título disso, não passa, nessa via, de recriação — ou seja, aquilo com que todo tipo de novos campos matemáticos se abriram, de fato. Mantenho-me, pois, na ordem que isolei do simbólico, nela inscrevendo aquilo de que se trata no inconsciente, para ali buscar a referência do meu presente discurso.

Se Lacan, por um lado, pretende excluir a metáfora (como as imagens, as referências filosóficas etc.), ele reconhece que seu discurso pode se enriquecer recorrendo a ela. Se ela bem poderia ser pura "**recriação**", aporta não somente *re-criação* (novas criações — no campo matemático, por exemplo), mas também *recreação/divertimento*, no melhor sentido do termo.

Ao excluir o recurso à metáfora, ele se abstém de qualquer significação para, assim, abrir o campo do *ab-senso* — campo que é próprio tanto da matemática quanto da psicanálise. Lacan se mantém na "ordem" do simbólico, registro que estrutura o inconsciente segundo ele próprio estabeleceu. Lembremos que, para o Lacan dessa época, tanto o inconsciente[4] quanto o próprio sintoma[5] estão estruturados "como uma linguagem".

---

[4]LACAN, J. (1963-1964) *O seminário, livro 11: Os quatro conceitos fundamentais da psicanálise.* Trad. M.D. Magno. Rio de Janeiro: Editora Zahar, 1985, p. 25.
[5]LACAN, J (1953) *Função e campo da fala e da linguagem em psicanálise.* In: LACAN, J. (1966) Escritos. Trad. V. Ribeiro. Rio de Janeiro: Editora Zahar, 1998, p. 270.

Agora sim ele dará uma resposta ao que o autoriza a se referir ao puro matema (pergunta formulada em §24.7, cf. p. 103).

> *Je réponds donc à ma question: qu'il faut d'abord avoir l'idée, laquelle se prend de mon expérience, que n'importe quoi ne peut pas être dit. Et il faut le dire.* (§24.9; AE472; OE473)

> Respondo, então, minha pergunta: é preciso, primeiro, ter a ideia — tirada da minha experiência — de que não dá pra dizer qualquer coisa. E é preciso que se diga.

Na experiência analítica, antes de mais nada, é preciso falar (associação livre): primeiro é necessário dizer, e isso "é preciso que se di**ga**". Se a regra fundamental da experiência psicanalítica é dizer qualquer coisa, ainda que não se diga "**qualquer coisa**", é porque se aposta no trabalho de ir da dimensão dos ditos à de um dizer.

> *Autant dire qu'il faut le dire d'abord.* (§24.10; AE472; OE473)

> Equivale a dizer que, primeiro, é preciso que se diga.

Para que haja sujeito, primeiro algo deve se dizer:

> *Le «signifié» du dire n'est, comme je pense l'avoir de mes phrases d'entrée fait sentir, rien qu'ex-sistence au dit (ici à ce dit que tout ne peut pas se dire). Soit : que ce n'est pas le sujet, lequel est effet de dit.* (§24.11; AE472; OE473)

> O "significado" do dizer, como penso ter feito com que se notasse por meio das minhas frases iniciais, não é nada além de ex-sistência ao dito (aqui, a este dito de que nem tudo se pode dizer). Ou seja: que não é o sujeito, o qual é efeito de dito.

Ao distinguir o *dizer* dos *ditos*, Lacan se interroga acerca de qual o "**significado**" do dizer, visto que de nenhum modo esse significado pode se adjudicar ao sujeito — sendo o sujeito, por outro lado, efeito de um "**dito**". Nessa segunda resposta, mais aderida ao recurso topológico, ele utiliza o termo "**ex-sistência**" (situar-se fora de...).

Antes de desenvolver a topologia do "**dizer**", será preciso examinar — com o mesmo instrumento topológico — de que modo se produz o sujeito como "**efeito de dito**".

O CORTE É O DITO

Em §24.12 temos um esclarecimento de ordem topológica sobre o "**dito**":

> *Dans nos asphères, la coupure, coupure fermée, c'est le dit. Elle, fait sujet: quoi qu'elle cerne...* (§24.12; AE472; OE473)

> Em nossas asferas, o corte, corte fechado, é o dito. Ele, cinja o que cingir, produz sujeito...

Todo corte fechado tem o efeito de produzir um sujeito, seja qual for o modo como esse corte fechado se faça em nossas asferas, pouco importando a coisa que esse corte encerre.

Na extensa bibliografia psicanalítica sobre os cortes no *cross-cap* encontraremos, em geral, um tipo de representação esquemática que tem o valor de mostrar, de modo eficaz, os percursos dos diferentes cortes. Como complemento, acrescentamos neste guia uma representação espacial:

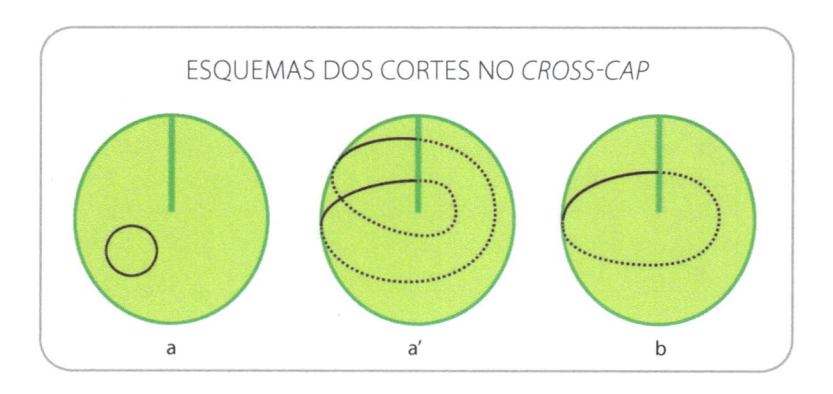

ESQUEMAS DOS CORTES NO *CROSS-CAP*

a   a'   b

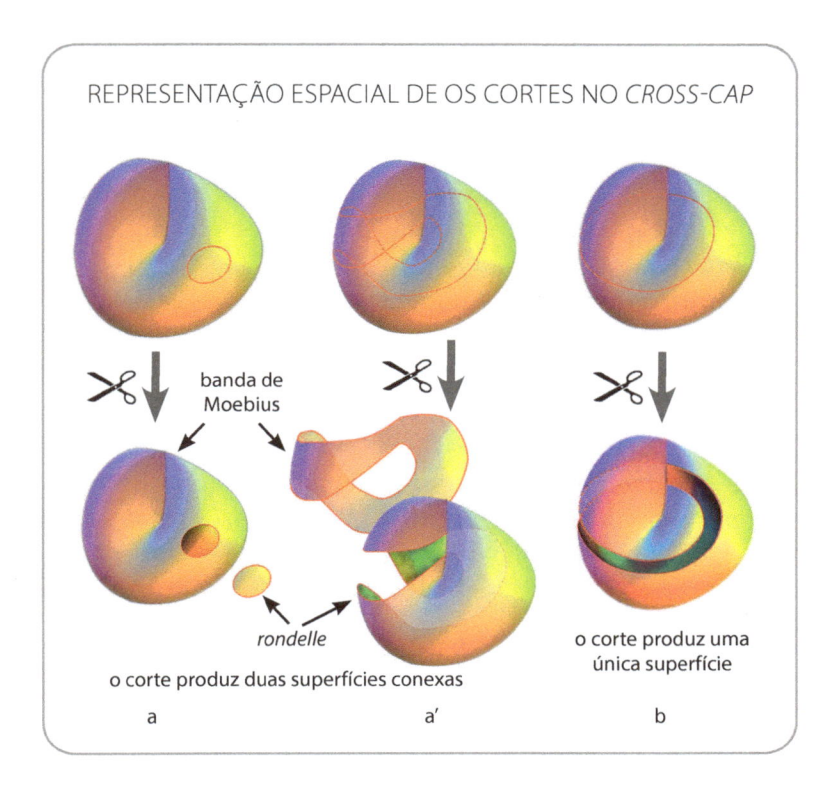

REPRESENTAÇÃO ESPACIAL DE OS CORTES NO *CROSS-CAP*

banda de Moebius

rondelle

o corte produz duas superfícies conexas

o corte produz uma única superfície

a   a'   b

Seguindo a nomenclatura de Ch. Fierens, podemos discriminar nas asferas duas variedades de cortes fechados:

- tipo (**a**, **a'**): são aqueles que separam a superfície em duas superfícies desconexas; e
- tipo (**b**): os que a cortam, mudando a estrutura, mas mantendo-a como uma única superfície conexa.[6]

Nos cortes fechados do tipo (**a**, **a'**), a "***rondelle***" (superfície de duas faces que pode se reduzir a um ponto) desprende-se e o sujeito barrado aparece como a banda de

---

[6]Cf. FIERENS, C. (2002) *Lectura de L'étourdit*. Trad. R. Cevasco; J. Chapuis. Barcelona: Ediciones S&P, 2012, p. 273

Moebius entre as duas voltas do corte. Nos cortes fechados de uma volta só, do tipo (**b**), o sujeito barrado desaparece como banda de Moebius (ou fica reduzido ao corte, ao corte "**mediano**"); resta uma única superfície, um disco entrecruzado que se diferencia da "*rondelle*" porque a sua borda apresenta a torção que *herdou* da banda de Moebius.

Explicaremos detalhadamente esses dois tipos de corte.

CORTE DE DUPLA VOLTA

À primeira vista parece estranho que possamos considerar o corte (**a**) como sendo de "**dupla volta**", dado que nas imagens o trajeto desse corte aparece como uma linha de aspecto mais ou menos elíptico com a aparência de uma volta só. Veremos que é assim apenas por se haver "imaginado" a asfera, por se tê-la representado como *cross-cap* nas três dimensões de nosso espaço.

Mostramos que o trajeto correspondente ao corte (**a**) e ao (**a'**) são homotópicos, isto é, que se pode passar do um ao outro por *deformação elástica*. Fierens comenta que o corte fechado (**a**) "pode ser manipulado topologicamente para deslizar para a posição" (**a'**).[7] Vemos que o trajeto do tipo (**a**) é apenas aparentemente de uma volta só, visto que, na realidade, comporta uma torção (presente em toda a asfera) que faz com que ele seja topologicamente equivalente às duas voltas do trajeto (**a'**).

Na figura seguinte mostra-se a deformação elástica do trajeto (**a**) para chegar a (**a'**), o que confirma que *imaginar* a asfera ou plano projetivo como uma *superfície de borracha* às vezes confunde, no que se refere às suas propriedades topológicas.

---

[7] Ibid., p. 274.

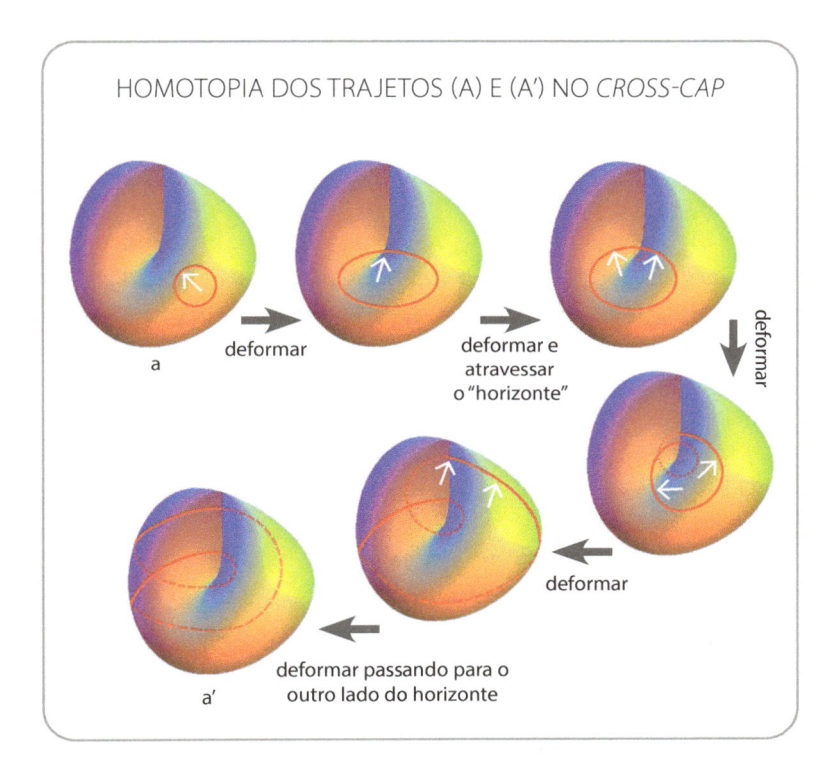

HOMOTOPIA DOS TRAJETOS (A) E (A') NO *CROSS-CAP*

a

deformar

deformar e
atravessar
o "horizonte"

deformar

deformar

a'

deformar passando para o
outro lado do horizonte

Partindo de um trajeto (**a**), empurrando a linha na direção indicada pelas flechinhas brancas, ao atravessar o horizonte, aparece a "**dupla volta**"; continuando a deformação, o trajeto ultrapassa o ponto ao qual poderia se reduzir o horizonte e, passando para o outro lado, adquire a forma (**a'**).

No *cross-cap* (asfera submersa no espaço tridimensional), o autoatravessamento concentra-se na linha de "horizonte" e o resto da superfície se comporta como esférica; em contrapartida, na "**asfera**" o atravessamento é uma propriedade de todos os pontos da superfície. O que em (**a**) aparece — antes do corte — como círculo, na realidade topológica da asfera é uma banda de Moebius, tal como se revela em (**a'**), visto que pudemos chegar de um trajeto a outro mediante deformação.

CORTE DE UMA VOLTA

O corte do tipo (**b**), ou de uma volta só, tem a particularidade de que, se ele "**cinge**" algo de um dos lados, não o faz do outro — por isso mesmo não divide a superfície em duas partes separadas, nem desprende nenhuma "**rondelle**".

De algum modo ele é análogo ao corte pela mediana de uma banda de Moebius que fecha em uma só volta[8]; que mantém, como no *cross-cap*, a superfície conexa ao mesmo tempo em que a converte em bilátera.

A versão mais elementar do corte tipo (**b**) seria uma *picada* (podemos imaginá-la realizada com uma agulha) que produz um furo, pura borda, sem encerrar nenhum ponto dentro — ainda que, efetivamente, encerre pontos por *fora* da borda.

Lacan também se refere a esse tipo de corte ao escrever "***quoi qu'elle cerne***" (cinja o que cingir; seja lá o que ela circunscreva...), visto que os cortes tipo (**b**) *encerram* algo de um lado. De um lado, cinge-se um vazio e, do outro, cingem-se pontos.

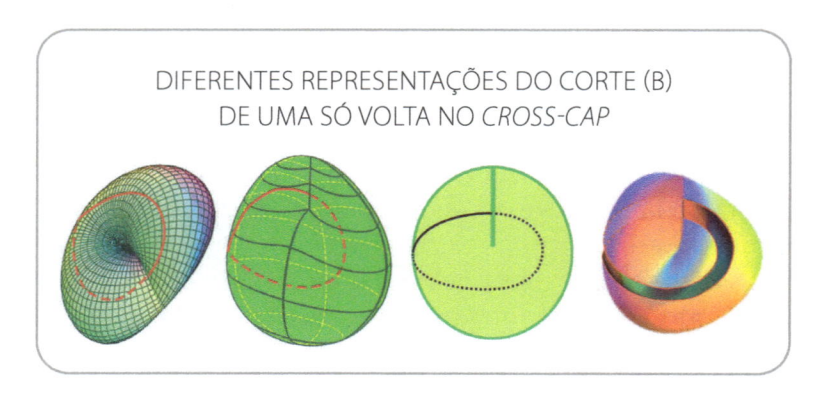

DIFERENTES REPRESENTAÇÕES DO CORTE (B)
DE UMA SÓ VOLTA NO *CROSS-CAP*

O diferencial do corte tipo (**b**) — em relação a (**a, a'**) — é que se obtém uma única superfície autopenetrada, um

---

[8]Cf. descrição na p. 57.

disco com duas faces e uma única borda. Esse disco bilátero que leva consigo o "**horizonte**" que caracterizava o *cross-cap*, linha que pode se reduzir a um ponto: "o ponto essencial da estrutura".[9]

Já em 1962 Lacan havia falado da superfície que se obtém com esse corte de uma volta só, assinalando o seu interesse em compreender o plano projetivo a partir da sua imersão no espaço de três dimensões, ou seja, o *cross-cap*.

Na figura seguinte mostramos a superfície que resulta ao se realizar um dos cortes possíveis de tipo (**b**).

Lacan assinala que esse corte, que "não divide, mas abre" — e com o qual o plano projetivo "perde um dos elementos de sua estrutura"[10] —, é fundamental para compreender essa superfície.

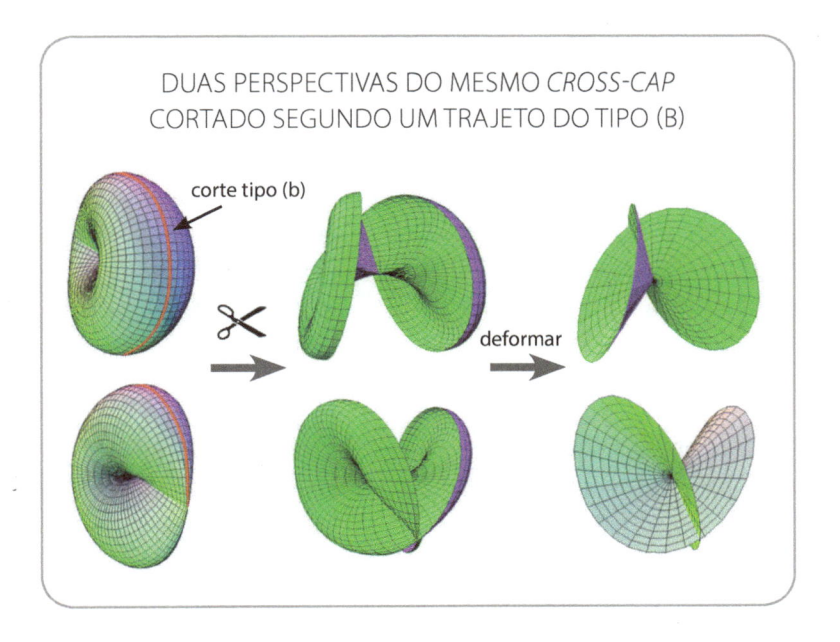

DUAS PERSPECTIVAS DO MESMO *CROSS-CAP* CORTADO SEGUNDO UM TRAJETO DO TIPO (B)

corte tipo (b)

deformar

---

[9]GRANON-LAFONT, J. *A topologia de Jacques Lacan*. Trad. L. C. Miranda; E. Cardoso. Rio de Janeiro: Editora Zahar, 1990, p. 83

[10]LACAN, J. (1962-1963) *Le séminaire, livre IX: L'Identification*, aula XXIV, 13 de junho de 1962, inédito.

Com esse corte a superfície "perde" a propriedade de não ter borda e adquire a propriedade de ter duas faces — as quais assinalamos com verde e roxo.

É importante compreender que algumas características, como a autopenetração, não são propriedades "intrínsecas" da estrutura da asfera, mas devem-se ao fato de a asfera estar imersa no espaço de três dimensões.

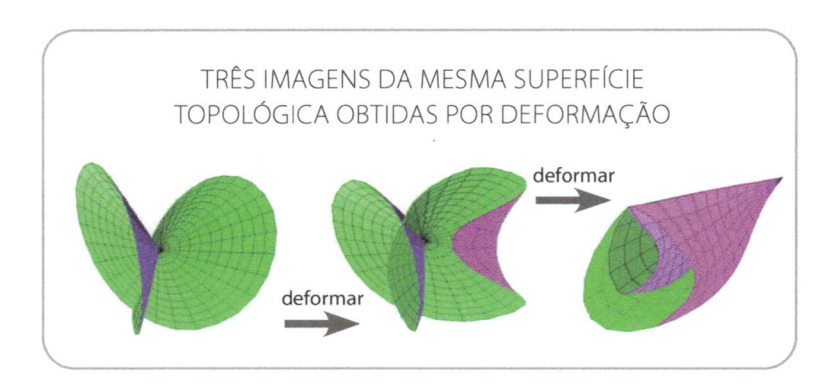

TRÊS IMAGENS DA MESMA SUPERFÍCIE TOPOLÓGICA OBTIDAS POR DEFORMAÇÃO

Também se deve assinalar que há um ponto essencial que não se perde, seja qual for o corte, e nesse ponto se "opera o processo de construção"[11] do plano projetivo.

As diferentes cores de cada face permitem visualizar também que "neste corte privilegiado vão se enfrentar, sem se reunirem, um exterior e um interior — e vice-versa"[12].

COM OS CORTES APONTAMOS PARA O "ESTOFO"

Recapitulando: há dois tipos de cortes, os que permitem separar um pedaço da superfície — tipo **a**: (**a**) e (**a'**) — e os que só a modificam, mantendo a superfície unida (**b**): tipo **b**.

Para separar algo, esse algo que sempre pode se reduzir a um ponto efetivo (note-se que ele não pode se reduzir a

---

[11]Idem.
[12]Idem.

"nada"), será necessário fazer a dupla volta. Essa dupla volta pode ser visualizada no *cross-cap* do modo (**a**) ou do modo (**a'**) — idênticos topologicamente, como já vimos. Esse modo separa a asfera em duas superfícies: uma delas (a banda de Moebius) *fica com* a torção, a outra (a *rondelle*) é um disco que pode se reduzir a um único ponto. Com uma *picada* (**b**) não se separa nada, nem sequer um ponto. Com isso, a superfície se mantém conexa, com o ponto singular nela conservando, assim, a mesma torção que tinha antes do corte.

O estudo do *cross-cap* e dos seus cortes pode ser considerado um caso que mostra a importância da observação de J. Lacan sobre o quão inadequado é a apresentação de imagens para compreender a fundo o aspecto intrinsecamente topológico, bem como o quão justificado seria utilizar somente a linguagem proposta pela álgebra vetorial.

O problema reside no fato de que as considerações de ordem topológica ficam bastante depreciadas quando realizamos representações, tanto espaciais como planas, porque a variabilidade da *lâmina de borracha* fica suspensa pela representação, quando essa variabilidade é precisamente o "**estofo**" do recurso à topologia.

Seguindo com o exemplo da asfera, essa superfície descreve topologicamente uma modalidade de relações (continuidade, torção, cruzamentos, bordas etc.) presentes e válidas em todos os seus pontos, e tais relações caracterizam todos os pontos da superfície. O *cross-cap* se *autopenetra* em toda a sua extensão; essa propriedade é *global* da superfície e qualquer representação tridimensional ou plana obscurece tal propriedade.

Assim, as imagens do *cross-cap* (uma das representações da asfera no espaço tridimensional) apresentam a superfície como autopenetrada somente na "linha sem pontos". De modo equivalente, nós percebemos como não torcidos os traçados de corte que não passam pela "linha sem pontos".

A "imaginarização" da superfície introduz certa confusão que rebaixa, em parte, o valor do instrumento topológico, ao mesmo tempo em que permite compreendê-la.

A INTIMAÇÃO DE POPÍLIO

O aturdito vai se amparar na figuração do círculo de Popílio para mostrar a concepção do ser que a experiência analítica questiona.

Lacan já havia utilizado a figura de Popílio para se referir à borda de um círculo, no *Seminário 13: O objeto da psicanálise* (1965-66, inédito), e voltará a fazê-lo no *Seminário 23: O sinthoma* (1975-76): "Fiz um redondel ao seu redor e você não vai sair antes de me prometer tal coisa"[13].

> *Notamment, comme le figure la sommation de Popilius d'y répondre par oui ou par non, notamment, dis-je, si ce qu'elle cerne, c'est le concept, dont se définit l'être même: d'un cercle autour — à se découper d'une topologie sphérique, celle qui soutient l'universel, le quant-au-tout : topologie de l'univers.* (§24.13; AE472; OE473)

> Em particular — tal como figurado pela intimação de Popílio, de que se responda "sim" ou "não" —; em particular, digo, se aquilo que ele cinge é o conceito pelo qual o próprio ser se define: por um círculo ao redor, a ser recortado a partir de uma topologia esférica — aquela que sustenta o universal, o quanto-ao-todo: topologia do universo.

Encontramos aqui um esclarecimento a respeito do que encerra esse corte, caso ele se faça **"em particular"**. Pouco importa o que ele cinge, terá de responder com um "sim" ou com um "não" com relação ao que define o seu ser. O ser fica, assim, definido por um círculo que o delimita;

---

[13]LACAN, J. (1975-1976) *O seminário, livro 23: O sinthoma*. Trad. S. Laia. Rio de Janeiro: Editora Zahar, 2007, p. 105; trad. modificada.

um círculo que determina a sua extensão, que define as suas pertenças, que inclui aquilo que ele compreende e que também define o que fica fora do círculo — o que *não cabe* no conceito, como se diz no linguajar comum. Essas especificações comportam a *definição* normal de qualquer extensão em lógica proposicional.

O círculo de Popílio ilustra a opção binária entre um "sim" ou um "não" sem alternativas (dentro ou fora do círculo) da pertença ou não ao campo ou extensão conceitual. Ademais, essa referência parece enfatizar a peremptoriedade de responder à pergunta, o empuxo a escolher uma das duas únicas alternativas.

Todo o sistema conceitual clássico do ser é sustentado pela topologia esférica, pelo universal lógico do *para todo* — um universo fechado sem fissuras e completo.

O "para todo" (o esférico) tem o seu lugar no asférico, é uma parte necessária da sua topologia — sem bordas, mas com um dentro e um fora em continuidade. Ele pode, assim, evitar a resposta binária sobre o ser e constatar os efeitos e as modificações da estrutura que os cortes do dizer promovem.

A seção §24 de *O aturdito* conclui com parágrafos dedicados à apreciação do ser, do sentido e da sua relação com o discurso do mestre, sem especificações topológicas.

Antíoco encerrado num círculo por Popílio
Jacques-Philippe le Bas (1707-1783), gravura em cobre.

11 | O asférico do universo em "particular"

É apenas na seção §25 que ele vai retomar o desenvolvimento topológico no ponto em que o havia deixado: diferenciando-se da concepção clássica do ser.

PARTICULARIZANDO

> *L'être se produit donc "notamment". Mais notre asphère sous tous ses avatars témoigne que si le dit se conclut d'une coupure qui se ferme, il est certaines coupures fermées qui de cette asphère ne font pas deux parts: deux parts à se dénoter du oui et du non pour ce qu'il en est ("de l'être") de l'une d'elles.* (§25.1; AE473; OE474)

O ser se produz, então, "em particular". Mas a nossa asfera, em todas as suas encarnações, atesta que, se o dito se conclui com um corte que se fecha, tem certos cortes fechados que, dessa asfera, não fazem duas partes: duas partes a serem denotadas pelo "sim" e pelo "não" quanto ao que ocorre (o que é "do ser") com uma delas.

Convém deter-se no termo *notamment* — ele já havia sido utilizado em §24.13 —, que, em francês, aponta para o especial, para o particular[1]. Aqui ele insiste novamente

---

[1] Notamment, *adv.* (Servant à distinguer un ou plusieurs éléments parmi un ensemble précédemment cité ou sous-entendu): Spécialement, en

no fato de que o "**ser**" se produz "**em particular**". Esses cortes que, "**dessa asfera, não fazem duas partes**", são os que chamamos de "tipo (**b**)" (cf. p. 109).

Ele agora fará alusão aos cortes do tipo (a), que, ao distribuir a superfície em duas partes, promovem a ideia de interior e exterior (tal como o conceito de "ser" aparece na ontologia clássica) e como se figurou em §24.13, recorrendo à intimação de Popílio. Ademais, esses cortes separam um disco (a *rondelle*) cujas duas faces encarnam também a opção binária: sim/não.

> *L'important est que ce soit ces autres coupures qui ont effet de subversion topologique. Mais que dire du changement par elles survenu ?* (§25.2; AE473; OE474)

> O importante é esses outros cortes serem os que têm efeito de subversão topológica. Mas o que dizer da mudança ocorrida através deles?

Por que esses outros cortes são importantes? Os cortes de dupla volta, os cortes "tipo (**a**)" que separam o *cross-cap* em duas superfícies. O que podemos dizer desses cortes que, ao separar o *cross-cap* em duas partes, produzem uma "**subversão topológica**"?

Qual é essa subversão e qual é a sua importância?

> *Nous pouvons le dénommer topologiquement cylindre, bande, bande de Moebius. Mais y trouver ce qu'il en est dans le discours analytique, ne peut se faire qu'à y interroger le rapport du dire au dit.* (§25.3; AE473; OE474)

> Podemos denominá-la topologicamente de "cilindro", "banda", "banda de Moebius". Mas nela encontrar aquilo

---

particulier. [Notamment, *adv.* (Servindo para distinguir um ou mais elementos dentre um conjunto anteriormente citado ou subentendido): Especialmente, em particular]. TLFI, *Le Trésor da Langue Française informatisé.*

de que se trata no discurso analítico é algo que só pode ser feito ao interrogarmos a relação do dizer com o dito.

A partir da topologia podemos eleger denominações e imaginar as superfícies, mas ela não deve fazer com que percamos o rumo do discurso analítico!!! Estamos lidando com algo que pode ser chamado de diversos modos e imaginado de variadas formas, com grande variedade de nomes: cilindro, banda, banda de Moebius. Para o nosso uso, entretanto, devemos encontrar essas estruturas no discurso analítico; e, para isso, cumpre interrogar a respeito da relação do dizer com o dito, do ato de dizer com o dito.

Os três parágrafos seguintes (§25.4, §25.5 e §25.6) não têm referências explícitas à topologia, razão pela qual não os analisamos detidamente. No entanto, devemos levar em conta que eles se referem às duas dimensões relacionadas pela superfície tórica: a demanda e o desejo.

Depois de assinalar as diferentes lógicas nas quais o dizer se apoia — a associação livre (lógica modal) e a interpretação (apofântica) —, ele volta à topologia.

OBJETO *a*: A CAUSA

Quiconque me suit dans mon discours sait bien que cette cause je l'incarne de l'objet (a), et cet objet, le reconnaît (pour ce que l'ai énoncé dès longtemps, dix ans, le séminaire 61-62 sur l'identification, où cette topologie, je l'ai introduite), l'a, je l'avance, déjà reconnu dans ce que je désigne ici de la rondelle supplémentaire dont se ferme la bande de Moebius, à ce que s'en compose le cross-cap. (§25.7; AE473; OE474-475)

Qualquer um que me acompanha em meu discurso bem sabe que, essa causa, eu a encarno no objeto (a); e esse objeto, reconhece-o (porque o enunciei faz tempo, dez anos atrás, no seminário de 1961-62 sobre a identificação, onde introduzi essa topologia), já o reconheceu, avento eu, no que designo aqui como a rodela suplementar com a qual a banda de Moebius se fecha, para que com ela se componha o *cross-cap*.

Encontramos registrado nessas frases o momento em que Lacan introduziu "**essa topologia**" em seu "**discurso**" e situou o "**objeto *(a)***": o *Semin*ário *9: A identificação* (1961-62, inédito). Aqueles que acompanharam o seu ensino já sabem que o ciclo da demanda — que se expressa no conjunto dos ditos e cuja envoltura lógica é modal e da ordem da gramática (§25.4) — se fechará com a interpretação, sendo esta um dizer "**apofântico**" que produz o corte, ficando a causa nomeada como objeto *a*.

Também nos assinala aqui que, já em 1962, no seminário "**sobre a identificação**", ele havia apresentado uma topologia do próprio "**objeto *(a)***". Lacan constrói o *cross-cap* na aula de 6 de junho de 1962. Na aula seguinte (13 de junho), analisa as particularidades do *cross-cap* e, entre outras considerações, obtém a *rondelle* pelo corte de dupla volta do *cross-cap* e concede-lhe o seu lugar na fórmula da fantasia ($\$ \lozenge a$)[2]. No ano seguinte irá retomá-lo nas aulas 7 ("Ele não é sem tê-lo") e 8 ("A causa do desejo") do *Seminário 10: A angústia* (1962-63).

Em nosso texto veremos o caminho inverso. Aqui se enfatiza a topologia do próprio objeto *a* como redondel esférico, e constrói-se o *cross-cap* fechando a banda de Moebius com a *rondelle*.

> *C'est la topologie sphérique de cet objet dit (a) qui se projete sur l'autre du composé, hétérogène, que constitue le* cross-cap. (§25.8; AE474; OE475)

> É a topologia esférica desse objeto chamado de (a) que se projeta no outro do composto, heterogêneo, que constitui o cross-cap.

---

[2]LACAN, J. *Le séminaire, livre IX: L'Identification* (1961-1862), inédito.

Nesse contexto, então, o *cross-cap* deve ser pensado como composto por duas superfícies heterogêneas: a banda de Moebius cosida a esse objeto "**chamado de (a)**" — redondel ou *rondelle* — cuja topologia esférica "**se projeta**" na banda de Moebius.

> *"Imaginons" encore selon ce qui s'en figure graphiquement de façon usuelle, cette autre part. Qu'en voyons-nous? Sa gonfle.* (§25.9; AE474; OE475)

> "Imaginemos" ainda — conforme o que dela se figura, graficamente, de forma usual — essa outra parte. O que vemos? O seu inchaço.

A figuração gráfica habitual do *cross-cap* (à direita da figura) permite ver a banda de Moebius inflada, em "**seu inchaço**", como efeito do redondel ao qual se a coseu para construir o composto.

Convém agora precisar o uso que Lacan faz dos termos "esférico" e "asférico", dos quais ele se ocupará no próximo parágrafo.

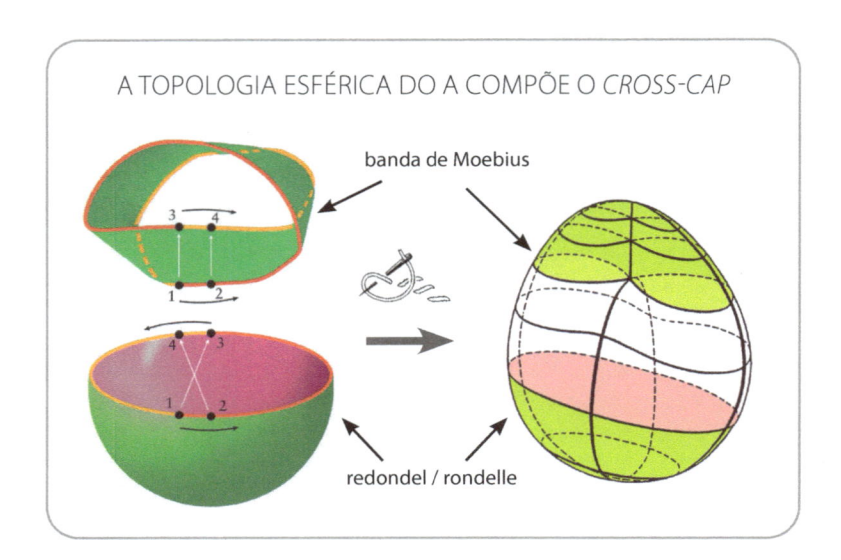

A TOPOLOGIA ESFÉRICA DO A COMPÕE O *CROSS-CAP*

banda de Moebius

redondel / rondelle

O ASFÉRICO *VERSUS* O ESFÉRICO

Devemos diferenciar o uso que Lacan faz desses termos daquilo que se pode encontrar em textos de outros campos. Nos manuais de topologia[3] costuma-se utilizar o termo *superfícies esféricas* para designar as superfícies fechadas e sem bordas, independentemente do número de faces e de "asas" que elas tenham. Assim, a partir desse critério descritivo, são esferas: a esfera propriamente dita, o toro, os toros de várias asas, o *cross-cap*, a garrafa de Klein etc. Não são esferas nem a banda de Moebius (uma borda e uma só face), nem o redondel ou *rondelle* (uma borda e duas faces), nem o cilindro (duas bordas e duas faces) etc.

Recordemos que *asférico* é um termo original de Lacan, que o contrapõe a *esférico*, adscrevendo esses dois termos a duas categorias lógicas distintas, como fica estabelecido no próximo parágrafo:

> *Rien n'est plus de nature à ce qu'elle se prenne pour sphérique. Ce n'en est pas moins, si mince qu'on en réduise la part torse d'un demi-tour, une bande de Moebius, soit la mise en valeur de l'asphère du pastout: c'est ce qui supporte l'impossible de l'univers, – soit à prendre notre formule, ce qui y rencontre le réel.* (§25.10; AE474; OE475)

Nada mais natural que se considere esférica. Nem por isso, por mais minguada a que se reduza a parte torcida em meia volta, deixa de ser uma banda de Moebius — ou seja, a valorização do nãotodo —: é isso que sustenta o impossível do universo, ou seja, tomando a nossa fórmula, o que ali encontra o real.

A primeira frase: ao imaginar a banda de Moebius no *cross-cap* poderia ser que a própria banda "**se considere**

---

[3] Cf., por exemplo, REINHARD, F.; SOEDER, H. *Atlas de matemáticas*, vol. 1. Madri: Alianza, 1984, p. 246.

esférica", que se esqueça do seu caráter heterogêneo, isto é, que alguém nela instalado conceba a demanda (que é modal) como se tivesse duas faces (como bilátera), como se correspondesse a uma topologia esférica.

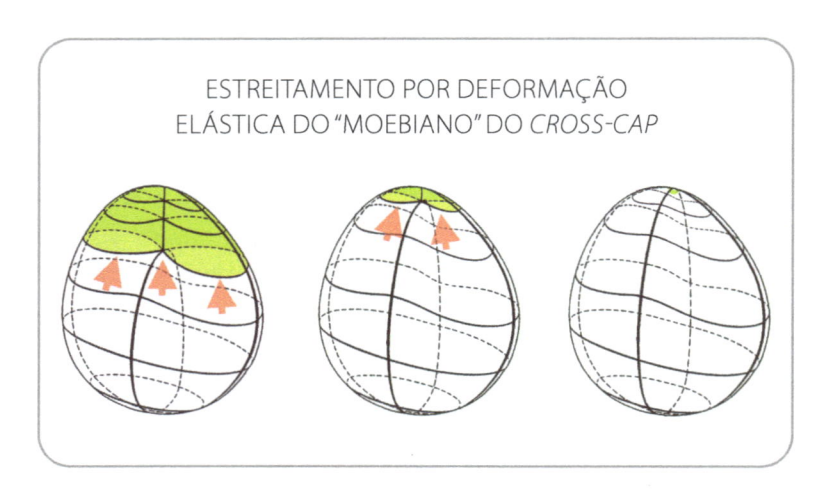

ESTREITAMENTO POR DEFORMAÇÃO ELÁSTICA DO "MOEBIANO" DO *CROSS-CAP*

A segunda frase: "**Nem por isso**", por mais que estreitemos a parte do *cross-cap* que está "**torcida em meia volta**", deixará de haver uma banda de Moebius que evidencia a sua heterogeneidade com relação ao esférico. No *cross-cap*, "**n**ão**todo**" é esférico. Lacan ilustra assim o asférico do nosso campo — contrapondo-o ao esférico universal clássico —, ou seja, essa parte de "**impossível do universo**" que se aninha em seu centro. Essa parte de "**n**ão**todo**" é o impedimento para que o universo se feche sobre si mesmo; esse impossível é "**o real**" com o qual o "**universo**" do discurso se depara.

NÃO TODO FÁLICO

Convém assinalar aqui que a primeira parte de *O aturdito* (de §1.1 a §22.2) vai se desdobrando até chegar à categoria do "***n**ão**todo***", para além da função fálica e da sua exceção. Essa categoria se expressa nas fórmulas da sexuação:

Essas fórmulas expressam a lógica fálica no lado masculino e indexam o *lado feminino* da sexuação: o não-todo--fálico que impede o universal de enclausurar-se num todo fálico seguindo a lógica masculina.

Para esse tema, é fundamental consultar o livro de Rithée Cevasco, *La discordancia de los sexos* [A discordância dos sexos] — editado pela S&P, 2010 —, que trata disso amplamente.

A seção §25 termina ocupando-se de comentar a questão da relação da linguagem com o universo e o universal. A incorporação da linguagem provoca a exclusão do "**real**". E em particular "**... deste real: que *não há relação sexual*"** (§25.12). Note-se que em *O aturdito* nós encontramos a expressão axiomática lacaniana "***não há relação sexual***" escrita seis vezes[4], três delas enfatizadas com itálicos.

Mas a topologia de *O aturdito* não se detém aí. Lacan segue em frente, ocupando-se da topologia do discurso.

---

[4]Textualmente: "***il n'ya pas de rapport sexuel***", em §9.6, AE455, OE454 / §17.11, AE464, OE464 / §17.14, AE465, OE465 / §25.12, AE474, OE475 / §34.20, AE490, OE492 / §34.50, AE493, OE495.

12 | A topologia de um discurso

Discurso, fantasia e real

Imediatamente depois de situar o impossível com o **"não há relação sexual"**, Lacan encara aqui **"a tarefa de desbravar o estatuto de um discurso"**, entenda-se: **"o discurso analítico"** — empreitada que lhe **"parece sem esperança"** porque **"é impossível aos psicanalistas formarem um grupo"** (§26.1, AE474, OE475) adequado ao discurso analítico.

Ele recorre também a uma topologia adequada ao discurso analítico para transmitir a estrutura desse discurso. E o fará por partes, utilizando, em primeiro lugar, a banda de Moebius:

> *L'amour-haine, c'est ce dont un psychanalyste même non lacanien ne reconnaît à juste titre que l'ambivalence, soit la face unique de la bande de Moebius, — avec cette conséquence, liée au comique qui lui est propre, que dans la "vie" de groupe, il n'en dénomme jamais que la haine.* (§26.18; AE476; OE477)

> **O amor-ódio é aquele do qual um psicanalista, mesmo não lacaniano, só reconhece, e com razão, a ambivalência, ou seja, a face única da banda de Moebius — com a consequência, ligada ao cômico que lhe é próprio, de que, na "vida" de grupo, ele nunca denomine outra coisa, a não ser o ódio.**

Qualquer psicanalista, mesmo que **"não lacaniano"** — quer dizer, mesmo aquele que não entende que **"a** interpretação é sentido e vai contra a significação" — é capaz de perceber, como "**ambivalência**" no "**amor-ódio**"[1], a aparente dupla face da banda de Moebius (§30.7) — entenda-se, o sujeito barrado... —, mesmo quando em sua vida de grupo enfatize mais o ódio que o amor.

A preocupação de J. Lacan em fixar o estatuto do que ele estabelece como Real vai se desdobrando ao longo da seção §27. Ali ele situará a *sua* topologia dentro do sistema dos quatro discursos por ele inventado, e também no que se refere ao saber científico.

Cumpre entender que Lacan chama de "**o meu dizer**" o seu discurso, o que não exclui o fato de que ele sustente que o seu "**dizer**" (o sistema dos seus quatro discursos) diga o *discurso analítico* — que, ao mesmo tempo, é onde se sustenta o seu "**dizer**".

> *Si mon dire s'impose, non, comme on dit, d'un modèle, mais du propos d'articuler topologiquement le discours lui-même, c'est du défaut dans l'univers qu'il procède, à condition que pas lui non plus ne prétende à le suppléer.* (§27.13; AE477; OE478)

> Se o meu dizer se impõe — não, como se costuma dizer, por um modelo, mas pelo propósito de articular topologicamente o próprio discurso —, é pela falha no universo de que ele procede, com a condição de ele tampouco almejar supri-la.

Aqui aparece explicitamente declarado "**o propósito**" da sua tarefa: "**articular topologicamente o próprio discurso...**" com quem, ou com o quê? Articular certo discurso (o seu) com o fato de, quem o disse, o estar dizendo.

Ou seja, que o seu dizer (nesse caso, o seu dizer topológico) orienta-se a deixar manifesta "**a falha**", um defeito,

---

[1]LACAN, J. (1972) *O aturdito*. In: LACAN, J. Outros escritos. Rio de Janeiro: Jorge Zahar Ed., 2003, p. 477 e 481. (N. do T.)

uma falta, no universo do discurso. Dali provém o seu dizer e ele vai se impor com a condição de que esse dizer não almeje suprir essa falta.

> *De cela "réalisant la topologie", je ne sors pas du fantasme même à en rendre compte, mais la recueillant en fleur de la mathématique, cette topologie, — soit de ce qu'elle s'inscrive d'un discours, le plus vidé de sens qui soit, de se passer de toute métaphore, d'être métonymiquement d'ab-sens, je confirme que c'est du discours dont se fonde la réalité du fantasme, que de cette réalité ce qu'il y a de réel se trouve inscrit.* (§27.14; AE477; OE478)

> Com isso, "realizando a topologia", não saio da fantasia, mesmo ao deslindá-la; porém, colhendo-a em flor, essa topologia, da matemática — ou seja, do fato de que ela se inscreve com um discurso que é o mais esvaziado de sentido; de prescindir de toda e qualquer metáfora; de ser, metonimicamente, ab-senso —, confirmo que é a partir do discurso em que se funda a realidade da fantasia que aquilo que há de real dessa realidade encontra-se inscrito.

Quando Lacan constrói sua topologia — isto é, enquanto vai "**realizando a topologia**" —, ele, por um lado, já situa o real como enodado aos registros simbólico e imaginário[2]; e, por outro, mostra-nos com a asfera a própria topologia da fantasia ($\$ \lozenge a$), relacionando o sujeito barrado ($\$$) com o objeto a.

Então se poderia entender a asfera como a topologia da fantasia? Sim, mas a asfera não esgota o que a topologia pode dizer da estrutura da fantasia. Nesse sentido, não podemos deixar de assinalar que, em 1973[3], entre os "redondéis de

---

[2] Cf. a nota de 1966: LACAN, J. (1966) Abertura desta coletânea. In: LACAN, J. (1966) *Escritos*. Trad. V. Ribeiro. Rio de Janeiro: Editora Zahar, 1998, p. 4.
[3] LACAN, J. (1972-1973) *O seminário, livro 20: Mais, ainda*, 2ª ed. Trad. MD Magno. Rio de Janeiro: Editora Zahar, 1985, p. 186.

barbante", ele desenha a cadeia de Whitehead[4] ou nó de Milnor[5] como fórmula da fantasia; tampouco de considerar os seus encontros posteriores com Jean-Pierre Petit e a superfície de Boy (1979).

Ademais — como veremos adiante — o asférico também será considerado atributo do próprio discurso analítico.

Real e discurso analítico

Avançamos uns parágrafos até §27.17 para encontrar um comentário sobre o valor que a topologia adquire para referir-se ao real. Previamente (em §27.16) ele nos indicou que, para essa referência, não basta o número — nem sequer o transfinito da série numérica, conforme o dizer de Cantor, que só se refere ao inacessível. Então, como descrever a relação do real com o dizer do sujeito, real que só *ressoa* no sujeito do discurso analítico e no próprio discurso analítico?

> *Dès lors une topologie se nécessite de ce que le réel ne lui revienne que du discours de l'analyse, pour ce discours, le confirmer, et que ce soit de la béance que ce discours ouvre à se référer au-delà des autres discours, que ce réel se trouve ex-sister.* (§27.17; AE477-478; OE479)

Com isso, faz-se necessária uma topologia pelo fato de o real só reaparecer, pelo discurso da análise, para confirmar esse discurso; e de que seja da hiância aberta por esse discurso, ao se fechar para além dos outros discursos, que esse real se revele ex-sistir.

Lacan insiste no fato de que é "**necessária uma topologia**" para situar "**o real**" aclarado a partir da experiência

---

[4]Segundo VAPPEREAU, J.-M. (1997) *Nudo: la teoría del nudo esbozada por J. Lacan*. Buenos Aires: Kline, 2006, p. 310.
[5]LACAN, J. (1975-1976) *O seminário, livro 23: O sinthoma*. Trad. S. Laia. Rio de Janeiro: Editora Zahar, 2007, p. 118.

analítica estruturada pelo discurso analítico cuja escrita é a seguinte:

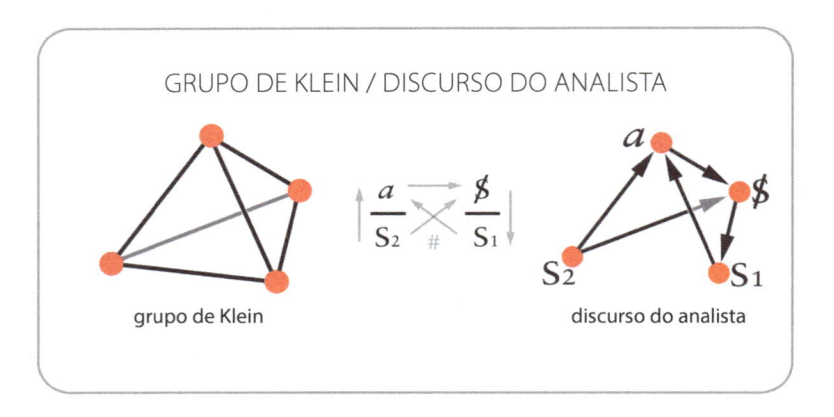

GRUPO DE KLEIN / DISCURSO DO ANALISTA

$$\uparrow \frac{a}{S_2} \underset{\#}{\times} \frac{\$}{S_1} \downarrow$$

grupo de Klein

discurso do analista

A escrita do discurso do analista inscreve-se no sistema dos quatro discursos que responde à topologia de um grupo de Klein *descompletado*, quer dizer, uma tétrade na qual se estabelece que entre dois de seus elementos não há relação. Podemos imaginar os quatro elementos nos vértices de um tetraedro.

Ele enfatiza, logo em seguida, a sua proposta sobre o discurso do analista...

> *C'est ce que je vais faire maintenant toucher.* (§27.18; AE478; OE479)

> É ao que farei chegarmos agora.

... que ele desenvolve nos parágrafos que se seguem.

> *Ma topologie n'est pas d'une substance à poser au-delà du réel ce dont une pratique se motive. Elle n'est pas théorie.* (§28.1; AE478; OE479)

> A minha topologia não é de uma substância que se deva situar para além do real, o com que uma prática se motiva. Ela não é teoria.

Quer dizer que a sua topologia não tem nenhuma consistência para além da prática analítica, prática orientada por esse real que a sua topologia trata. Mas "não é teoria..." o que ele quer dizer com isso? Lacan insiste no fato de que a psicanálise é uma prática, uma práxis; por isso, a topologia só encontra a sua razão de ser como referência a essa prática.

Nos parágrafos §28.2 encontramos uma pista a respeito do que se pode esperar:

> *Mais elle doit rendre compte de ce que, coupures du discours, il y en a de telles qu'elles modifient la structure qu'il accueille d'origine.* (§28.2; AE478; OE479)

Mas ela deve dar conta do fato de haver cortes do discurso tais que modificam a estrutura que ele acolhe originalmente.

A estrutura se verte em certos discursos, e é modificável por determinadas operações discursivas que entendemos como cortes e suturas. Assim, vimos como, mediante um determinado "**corte**", o toro pode se transformar na banda de Moebius; e também como, cosendo o redondel esférico — ou *rondelle* — à banda de Moebius, obtínhamos o *cross-cap*.

A topologia pode nos mostrar como o sujeito ($) está situado em determinado discurso relativamente ao objeto a e à textura do seu dizer. Certas estruturações topológicas, como propõe Ch. Fierens, correspondem à posição do sujeito em determinado discurso — o esférico[6], para o discurso do mestre; o asférico[7], para o discurso psicanalítico —; e as operações de corte e sutura, às transformações topológicas das basculações de um discurso em outro[8].

---

[6]Cf. FIERENS, C. (2002) *Lectura de L'étourdit*. Trad. R. Cevasco; J. Chapuis. Barcelona: Ediciones S&P, 2012, p. 245.
[7]Ibid., p. 247.
[8]Ibid., p. 307.

13 | O que se pode ensinar

A próxima referência à topologia se organiza em torno da preocupação de J. Lacan com a transmissão, especialmente quanto ao que a psicanálise pode ensinar a partir da sua prática. Ele já havia afirmado que o matema é "**o único que se pode ensinar**" (§24.6, cf. p. 103 deste vlume). Quanto à topologia, ele nos advertiu do risco de ela perder o seu "**estofo**" se a imaginarizarmos demais — reduzindo-a às superfícies que se desfraldam no nosso espaço tridimensional (§24.3, cf. p. 99 deste volume) — e da conveniência em utilizar uma topologia algébrica, desprovida de imagens, transmissível por pura combinação de símbolos (§24.4, cf. p. 101 deste volume). Aqui ele retornará ao tema para produzir nele uma segunda volta:

> *Un mathème l'eût-elle porté, que notre topologie nous fournit? Tentons-la.* (§30.17; AE482; OE483)

> **Teria ela trazido um matema, o qual a nossa topologia nos fornece? Vamos tentar.**

Nos parágrafos anteriores ele havia cingido "**o que constitui o ensinável**" (§30.15). A pergunta é, então, se "**um matema**" da "**nossa topologia**" pode transmiti-lo.

Qual seria a dificuldade? O que se pode ensinar sempre se depara com um real, um impossível que é "**queda irrisória**" (§30.15) que está implicada no "**ab-senso da significação**" (§30.16). A "**opinião verdadeira**" (§30.16) que Platão nos mostra no *Mênon* estabelece a *ortodoxia* (ὀρθὴ δόξα) ao introduzir a "δόξα **como real**" (§30.25) — o que abre, para nós, a interrogação sobre a possibilidade de um matema que possa sustentá-la.[1]

Ça nous conduit à l'étonnement de ce que nous évitions à soutenir de l'image notre bande de Moebius, cette imagination rendant vaines les remarques qu'eût nécessitées un dit autre à s'y trouver articulé : mon lecteur ne devenait autre que de ce que le dire passe le dit, ce dire étant à prendre d'au dit ex-sister, par quoi le réel m'en ex-sist(ait) sans que quiconque, de ce qu'il fût vérifiable, le pût faire passer au mathème. L'opinion vraie, est-ce la vérité dans le réel en tant que c'est lui qui en barre le dire ? (§30.18; AE482; OE483)

Isso nos deixa assombrado com o que vínhamos evitando, sustentar com a imagem a nossa banda de Moebius; essa imaginação que torna vãs as observações que um dito outro teria exigido ao se descobrir articulado: o meu leitor só se tornou outro pelo dizer passar o dito; esse dizer tendo de ser considerado como, ao dito, ex-sistindo — mediante o que o real ex-sist(ia) a mim sem que ninguém, por ele ser verificável, pudesse fazê-lo passar ao matema. Será que a opinião verdadeira é a verdade no real como aquilo que lhe barra o dizer?

Ao recorrermos à banda de Moebius como imagem, e a não nos atermos à sua pura apresentação algébrica, não estaríamos na mesma configuração que a "**opinião verdadeira**" (ortodoxia)? Se essa ortodoxia carrega um real, ao não poder extrair o matema que corresponde a esse real, ela barra toda e qualquer possibilidade de dizer a "*verdade*" desse real.

Je l'éprouverai du redire que je vais en faire. (§30.19; AE482; OE483)

---

[1]Cf. um amplo desenvolvimento dessa questão em FIERENS, C. (2002) *Lectura de L'étourdit.* Trad. R. Cevasco; J. Chapuis. Barcelona: Ediciones S&P, 2012, p. 335-336.

Vou testá-lo pelo redizer que farei dele.

Ele vai voltar a dizer isso, vai dar uma segunda volta para colocar à prova se consegue chegar a um matema desprovido de imagens e comprovar, ao mesmo tempo, a estrutura que o matema transmite. Uma das apostas de *O Aturdito* é, precisamente, a de não recorrer a imagens — algo ao qual, de certo modo, este guia se contrapõe.

SEM IMAGENS, PARA ALÉM DO USO IMAGINÁRIO

Tentaremos agora acompanhar Lacan em seu propósito de prescindir das imagens:

> *Ligne sans points, ai-je dit de la coupure, en tant qu'elle est, elle, la bande de Mœbius à ce qu'un de ses bords, après le tour dont elle se ferme, se poursuit dans l'autre bord.* (§30.20; AE482; OE483)

> Linha sem pontos, disse eu sobre o corte, na medida em que ele, por sua vez, é a banda de Moebius — por conta de uma das suas bordas, depois da volta com que ele se fecha, continuar na outra borda.

O corte pela mediana numa banda de Moebius é a própria banda: é uma "**linha sem pontos**", visto que os pontos da superfície ficam de um lado ou do outro do corte que fez com que ela desaparecesse nessa operação de corte (cf. p. 70).

> *Ceci pourtant ne peut se produire que d'une surface déjà piquée d'un point que j'ai dit hors ligne de se spécifier d'une double boucle pourtant étalable sur une sphère: de sorte que ce soit d'une sphère qu'il se découpe, mais de son double bouclage qu'il fasse de la sphère une asphère ou cross-cap.* (§30.21; AE482; OE483)

> Entretanto, isso só pode se produzir com uma superfície já picada por um ponto que chamei de "extralinha", por

se especificar por um duplo fecho, espalhável, entretanto, sobre uma esfera — de modo que seja de uma esfera que ele se recorta, mas pelo seu duplo fecho que ele faz da esfera uma asfera ou cross-cap.

O matema deslinda uma estrutura cujos elementos se relacionam entre si de tal maneira que há uma "**linha sem pontos**", e isso só pode se produzir numa estrutura asférica. Leve-se em conta o fato de que toda e qualquer superfície define a relação que as suas duas dimensões mantêm, e de que cada superfície em particular tem uma estrutura topológica distinta da outra porque estabelece um modo distinto de relacionar essas duas dimensões.

O modo particular de se relacionar duas dimensões (modo que chamamos de "asfera" ou "*cross-cap*") pode ser visualizado numa superfície que se pode imaginar como "**picada**" por um "**ponto extralinha**". Esse ponto (porque estamos situados numa estrutura topológica que se imagina elástica como uma *lâmina de borracha*) pode se estender e se desfraldar sobre uma "**esfera**" (isto é, que a *rondelle* desprendida do *cross-cap* tem duas faces e uma borda), mas no *cross-cap* a sua borda está retorcida por "**um duplo fecho**" (as duas voltas da borda da banda de Moebius).

É importante assinalar que a asfera incorpora em cada um dos seus pontos a "**linha sem pontos**" e o "**ponto extralinha**", diferentemente do *cross-cap* imaginado no espaço tridimensional, que mostra esses dois elementos em zonas bem determinadas e que dependem da forma como se o imagina ou representa.

> *Ce qu'il fait passer pourtant dans le cross-cap à s'emprunter de la sphère, c'est qu'une coupure qu'il fait moebienne dans la surface qu'il détermine à l'y rendre possible, la rend, cette surface, au mode sphérique: car c'est de ce que la coupure lui équivaille, que ce dont elle se supplémentait en cross-cap «s'y projette», ai-je dit. (§30.22; AE482; OE483)*

Entretanto, o que ele, emprestando da asfera, faz passar para o cross-cap é que um corte — que ele torna moebiano na superfície que, ao possibilitá-lo, ele determina — restitui essa superfície ao modo esférico: é, pois, pelo fato de o corte lhe ser equivalente [à superfície moebiana] que aquilo com o qual ela se suplementava em cross-cap "projeta-se ali", como eu disse.

Da esfera se "empresta" o recorte de um único ponto ("um corte": a *rondelle*), que, ao cosê-lo à banda, também lhe confere características esféricas: "**restitui essa superfície ao modo esférico**". Esse ponto esférico, "**com o qual [...] se suplementava**" a banda de Moebius, aporta a *toda* a estrutura a sua esfericidade, isto é, "**projeta-se ali**". Esse suplemento é "**equivalente**" ao "**corte**" em dupla volta, que encarna o atributo "**moebiano**" da superfície.

O parágrafo de que estamos tratando (§30.22), bastante complexo, transmite a ideia fundamental de que a asfera implica — nela toda, em todos os seus pontos — tanto a característica *esférica* como a característica *moebiana*; algo que, por outro lado, podemos ler na própria escolha do termo "asfera", que carrega a negação e, ao mesmo tempo, a marca da "esfera".

Em resumo: a *rondelle* transmite sua esfericidade, enquanto que a condição de face única é aportada pela banda de Moebius. Ambas as características simultâneas ficam incorporadas no *cross-cap*. À capciosa pergunta sobre se o *cross-cap* é esférico ou não podemos responder em linguajar lacaniano: é *asférico*.

Ele voltará a dizer de outro modo no parágrafo seguinte, que convém ler tendo muito clara a ideia que já repetimos várias vezes: falamos de *asfera*, ou *plano projetivo*, quando nos referimos a um modo particular de se relacionar duas dimensões. E uma maneira de imaginar essa relação é representá-la como uma superfície no espaço tridimensional: o *cross-cap*.

Mais comme de cette surface, pour qu'elle permette cette coupure, on peut dire qu'elle est faite de lignes sans points par où partout sa face endroit se coud à sa face envers, c'est partout que le point supplémentaire à pouvoir se sphériser, peut être fixé dans un cross-cap. (§30.23; AE482; OE483-484)

Mas como, dessa superfície, para que permita esse corte, podemos dizer que ela é feita de linhas sem pontos — por onde, em toda a sua extensão, o seu lado direito se costura ao seu lado avesso —, é em toda parte que o ponto suplementar, podendo se esferizar, pode ser fixado num *cross-cap*.

A estrutura inteira é composta por essas "**linhas sem pontos**" de autopenetração pelas quais se passa de um lado ao outro da superfície, ao mesmo tempo em que o "**ponto extralinha**" — que, se o desprendêssemos, fazendo um corte em dupla volta, pode "**se esferizar**"— está por toda parte. Quando se representa a estrutura como uma superfície em três dimensões, esse ponto particular "**pode ser fixado num *cross-cap***" na zona esférica.

Mais cette fixion doit être choisie comme unique point hors ligne, pour qu'une coupure, d'en faire un tour et un unique, y ait effet de la résoudre en un point sphériquement étalable. (§30.24; AE482; OE484)

Mas essa fixão deve ser escolhida como único ponto extralinha para que um corte, dando uma única volta, tenha efeito de resolvê-la num ponto esfericamente extensível.

Na representação se faz a "**fixão**" de eleger um único ponto e fixá-lo em determinado lugar da superfície. J. Lacan utiliza o neologismo "***fixion***", que condensa *fiction* (ficção) e *fixation* (fixação).

A homofonia também vai no sentido de frisar o duplo estatuto de fixação/ficção da rodela suplementar, *rondelle*, ponto extralinha, objeto a (ainda que nesses parágrafos ele se abstenha de nomeá-lo assim), ao mesmo tempo em que indica como ele está incorporado (fixado) na superfície.

Dando "**uma** única volta" nesse "único ponto" consegue-se o "**efeito de resolvê-la**", isto é, ela é desarmada e convertida num ponto esférico (com duas faces).[2] Mas o que é este "**ponto esfericamente extensível**"?

> *Le point donc est l'opinion qui peut être dite vraie de ce que le dire qui en fait le tour la vérifie en effet, mais seulement de ce que le dire soit ce qui la modifie d'y introduire la δòξα comme réel.* (§30.25; AE482; OE484)

O ponto, portanto, é a opinião que pode ser chamada de "verdadeira", pelo fato de o dizer que a contorna verificá-la efetivamente, mas somente pelo fato de o dizer ser aquilo que a modifica ao introduzir a δòξα como real.

Agora, fora da referência topológica, enoda-se aqui "**o dizer**" (o fato do dizer) à "**opinião verdadeira**", a *orto doxa* (ὀρθὴ δòξα), de inspiração platônica: corte de uma só volta que modifica a estrutura fazendo desaparecer o objeto a, antes fixado e ficcionado na asfera.

> *Ainsi un objet aussi facile à fabriquer que la bande de Moebius en tant qu'elle s'imagine, met à portée de toutes mains ce qui est inimaginable dès que son dire à s'oublier, fait le dit s'endurer.* (§30.28; AE483; OE484)

Assim, um objeto tão fácil de fabricar como a banda de Moebius, na medida em que ela se imagina, coloca ao alcance de todas as mãos aquilo que é inimaginável, a partir do momento em que o seu dizer, esquecendo-se, faz o dito perdurar.

---

[2] Caso necessário recorrer ao suporte imaginário, cf. o corte tipo (b) sobre o *cross-cap*, p. 110-ss.

Depois de sustentar que o seu **"dizer"** é anterior ao dito — no seu caso, a criação do matema —, ele voltará a exemplificar, com uma nova referência à **"banda de Moebius"**, a virtude do matema topológico, mesmo quando ele se transmite imaginarizando.

Platão, no *Mênon*, distingue a *ciência* (certo de ser ensinável) da *opinião verdadeira*, *conjectura* verdadeira, *orto doxa*, associada à *virtude*.

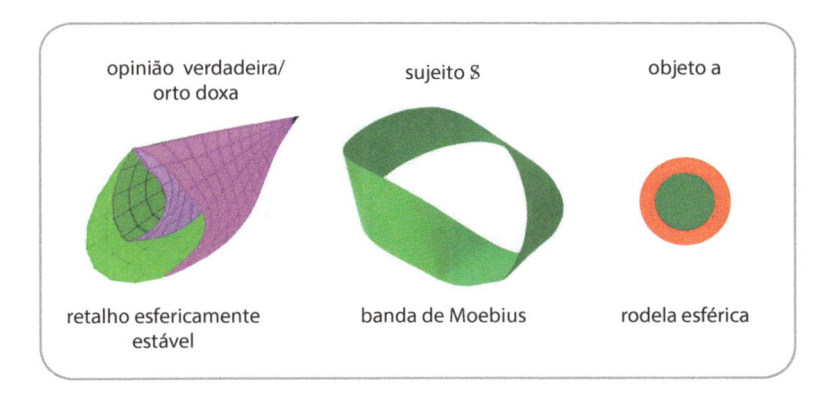

opinião verdadeira/ orto doxa

sujeito $\mathcal{S}$

objeto a

retalho esfericamente estável

banda de Moebius

rodela esférica

14 | A topologia é a estrutura

É notável, em *O aturdito*, a insistência de J. Lacan em assegurar-lhe um lugar e em fixar o estatuto da topologia em seu ensino, transmitindo o que essa ferramenta aporta:

> *La topologie n'est pas "faite pour nous guider" dans la structure. Cette structure, elle l'est – comme rétroaction de l'ordre de chaîne dont consiste le langage.* (§31.1; AE483; OE485)

> **A topologia não foi "feita para nos guiar" na estrutura. Ela é a estrutura — como retroação da ordem de cadeia em que consiste a linguagem.**

É preciso notar que, ao fazer referência à "**estrutura**", podemos nos referir à estrutura da linguagem e à palavra, tal como apresentada no grafo do desejo — onde se situa a "**retroação**" à qual ele se refere nesse parágrafo[1].

GRAFO DO DESEJO

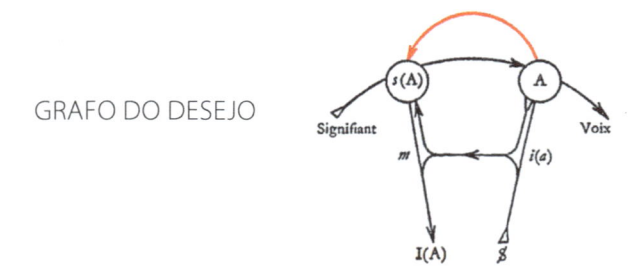

---

[1]LACAN, J. (1960) *Subversão do sujeito e dialética do desejo no inconsciente freudiano.* In: LACAN, J. (1966) Escritos. Trad. V. Ribeiro. Rio de Janeiro: Editora Zahar, 1998, p. 822. Assinalamos em vermelho o vetor correspondente à retroversão; retroação.

Essa **"retroação"** deslinda o funcionamento simbólico da linguagem e seus efeitos imaginários de significação. Não deslinda, porém, o *real* em jogo que ex-siste relativamente a essas duas dimensões, e que J. Lacan quer mostrar tomando a topologia como referência do discurso analítico. Isto é, o grafo não deslinda o real excluído de todo sentido, tal como irá situá-lo mais adiante (no *Seminário 22: RSI*, por exemplo). A topologia não é um guia para a estrutura. É a própria estrutura. A estrutura é a topologia lacaniana. Não obstante, não se deve confundir a Topologia (como disciplina matemática) com a topologia lacaniana (a utilização do recurso topológico na transmissão da experiência psicanalítica).

La structure, c'est l'asphérique recelé dans l'articulation langagière en tant qu'un effet de sujet s'en saisit. (§31.2; AE483; OE485)

A estrutura é o asférico escamoteado na articulação linguística, na medida em que aí se capta um efeito de sujeito.

A topologia permite ilustrar como o asférico (lugar da fantasia) se encontra subjacente, *"recelé"*, à linguagem — receptado, **"escamoteado"**. Esse efeito se produz quando "um significante [...] representa o sujeito para outro significante"[2].

Ch. Fierens comenta que o **"efeito de sujeito"** não pode ser captado diretamente, mas apenas por mediação da *rondelle* esférica, da rodela suplementar (o objeto *a*)[3].

Assim a topologia ensina *os efeitos* de linguagem, a estrutura asférica subjacente à linguagem — quer dizer, o fato de que o dizer fica esquecido por trás dos ditos[4]...

---

[2]Ibid., p. 833.
[3]FIERENS, C. (2002) *Lectura de L'étourdit*. Trad. R. Cevasco; J. Chapuis. Barcelona: Ediciones S&P, 2012, p. 343.
[4]*"Qu'on dise reste oublié derrière ce qui se dit dans ce qui s'entend"* / "Que se diga fica esquecido por trás do que se diz naquilo que se ouve" (§2.1; AE449; OE448).

Efeito de sujeito

Il est clair que, quant à la signification, ce "s'en saisit" de la sous-phrase, pseudo-modale, se répercute de l'objet même que comme verbe il enveloppe dans son sujet grammatical, et qu'il y a faux effet de sens, résonance de l'imaginaire induit de la topologie, selon que l'effet de sujet fait tourbillon d'asphère ou que le subjectif de cet effet s'en "réfléchit". (§31.3; AE483; OE485)

É claro que, quanto à significação, este "aí se capta" da oração subordinada, pseudomodal, repercute do próprio objeto que, como verbo, ele envolve em seu sujeito gramatical; e que há um falso efeito de sentido, ressonância do imaginário induzido pela topologia, conforme o efeito de sujeito produza turbilhão de asfera ou o subjetivo desse efeito "reflita" sobre isso.

Trata-se então de localizar o efeito de sujeito, determinado como efeito de linguagem, não mais a partir da estrutura da própria linguagem (representação pela via dos significantes), mas a partir da topologia.

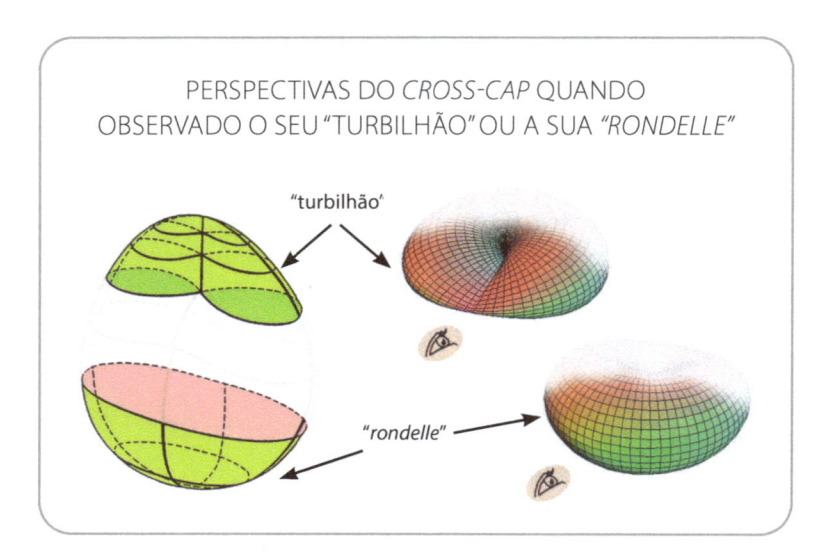

PERSPECTIVAS DO *CROSS-CAP* QUANDO OBSERVADO O SEU "TURBILHÃO" OU A SUA *"RONDELLE"*

"turbilhão'

"rondelle"

Devemos reter a ideia de que, se a topologia *imaginada* é enganosa, ela tem aqui a virtude de ilustrar o **"falso efeito de sentido"**. Dito de outro modo: o **"efeito de sujeito"**, como significado, é uma ressonância imaginária do espaço topológico, e assim o efeito subjetivo pode ser ilustrado com a ressonância imaginária do **"turbilhão"** do *cross-cap*. Dar ênfase ao sujeito como "turbilhão"[5] da asfera (a parte entrecruzada do *cross-cap*, moebiana, $) — ou então ao que, a partir dela, **"se capta"** (a *rondelle*, o objeto *a*) — pode produzir um **"falso efeito de sentido"**.

O objeto se "reflete" imaginariamente no sujeito. Por isso, tomar isoladamente o fragmento esférico, ou a parte moebiana do *cross-cap*, faz com que nos precipitemos na ressonância imaginária induzida pela topologia.

> *Il y à ici à distinguer l'ambiguïté qui s'inscrit de la signification, soit de la boucle de la coupure, et la suggestion de trou, c'est-à-dire de structure, qui de cette ambiguïté fait sens**. (§31.4; AE483; OE485)

> Cabe aqui distinguir a ambiguidade que se inscreve pela significação — ou seja, pelo fecho do corte — e a sugestão de furo — isto é, de estrutura — que, com essa ambiguidade, faz sentido*.

O asterisco sobrescrito ao final do parágrafo remete a uma nota de rodapé na qual J. Lacan aproveita essa menção à **"estrutura"** para demarcar o seu distanciamento em relação ao movimento estruturalista, ao qual ele fora insistentemente associado.

---

[5]O termo *turbilhão*, jargão do ramo da relojoaria, diz respeito a um dispositivo — um mecanismo composto de uma "gaiola" giratória que contém um sistema de escapamento e de balanço — cuja finalidade é compensar os erros de marcação de tempo em relógios mecânicos causados pelos efeitos da gravidade. Cf. LACAN, J. (1962-1963) *Le séminaire, livre IX: L'Identification*, 23 de maio de 1962, inédito. (N. do T.)

A "**ambiguidade**" própria a toda "**significação**" remete também a um sem-sentido, a um furo presente na própria estrutura da linguagem, e essa ausência de sentido confere sentido a tal ambiguidade.

Mas de que corte se trata aqui, quando ele fala em fecho da significação? Levemos em conta que "*la boucle*" remete à expressão *boucle-la!* do francês coloquial que se entende como *fecha o bico!*. Trata-se então do corte que "**fecha**" em duas voltas, rodeando o "**ponto extralinha**", que passa duas vezes pela "**linha sem pontos**", do corte tipo (**a**) — ou, o que dá na mesma, o que na parte "esférica" do *cross-cap* separa a *rondelle*[6].

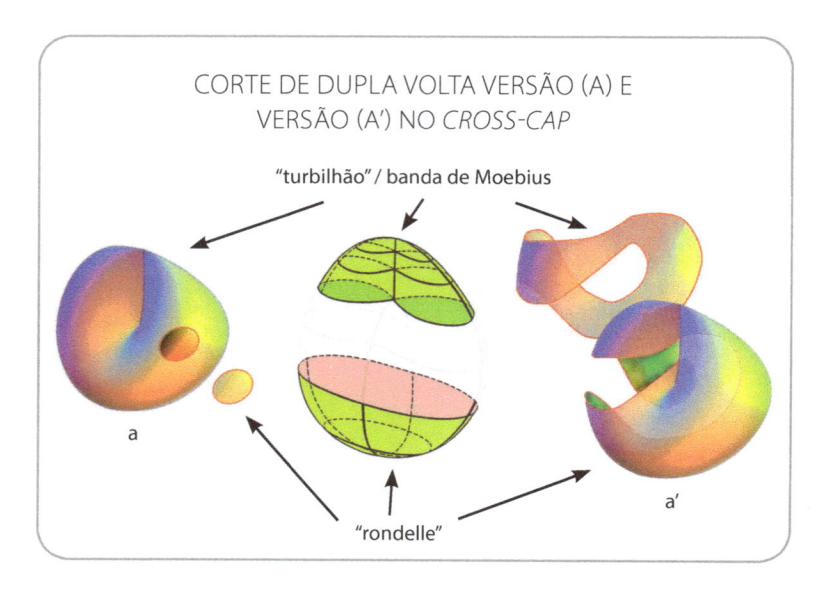

CORTE DE DUPLA VOLTA VERSÃO (A) E VERSÃO (A') NO *CROSS-CAP*

"turbilhão" / banda de Moebius

a

a'

"rondelle"

Esses cortes tipo (**a**, **a'**) separam o *cross-cap* em duas partes enquanto que os de tipo (**b**) não o fazem (cf. p. 109).

Ch. Fierens comenta a "**ambiguidade**" em termos de dois tempos: uma primeira ambiguidade, na qual o sujeito

---

[6] Cf. explicação detalhada dos cortes na p. 107.

e o objeto podem cristalizar — isto é, podem fixar-se numa significação estável e imaginária —; e uma segunda ambiguidade, relativa ao sentido que sugere o furo — ou seja, um percurso que se depara com o impossível[7]. A ambiguidade que "**faz sentido**" sugere unicamente "**a estrutura**" da asfera.

A SUPOSIÇÃO UNIVERSALIZANTE DA LÓGICA PROPOSICIONAL

Logo em seguida ele voltará a enodar "**a estrutura**" aos efeitos de linguagem:

> *Ainsi la coupure, la coupure instaurée de la topologie (à l'y faire, de droit, fermée, qu'on le note une bonne fois, dans mon usage au moins), c'est le dit du langage, mais à ne plus le dire en oublier.* (§31.5; AE484; OE485)

> Assim, o corte, o corte instaurado pela topologia (a ser feito, por direito, fechado — note-se, de uma vez por todas, pelo menos na minha utilização), é o dito da linguagem, mas sem dela esquecer o dizer.

O corte "**fechado**" sobre a asfera ilustra os ditos, ilustra o *que se diga* mediante a linguagem; agora (com a topologia lacaniana), porém, já não se esquece que por trás desses ditos está o seu "**dizer**".

Ele vai ilustrá-lo então com a lógica formal ou de predicados:

> *Bien sûr y a-t-il les dits qui font l'objet de la logique prédicative et dont la supposition universalisante ressortit seulement à la sphère, je dis: la, je dis: sphère, soit: que justement la structure n'y trouve qu'un supplément qui est celui de la fiction du vrai.* (§31.6; AE484; OE485)

---

[7]FIERENS, C. (2002) *Lectura de L'étourdit*. Trad. R. Cevasco; J. Chapuis. Barcelona: Ediciones S&P, 2012, p. 344.

Há, é claro, os ditos que são objeto da lógica predicativa e cuja suposição universalizante decorre tão somente da esfera — digo: "esfera", com "e" —, ou seja: que, justamente, a estrutura encontra ali apenas um suplemento, que é o da ficção do verdadeiro.

Os ditos são objetos da lógica proposicional ou de predicados que se apoiam na "**suposição universalizante**" — quer dizer, onde a proposição universal é possível. Essa suposição provém de uma representação esférica, como já foi comentado com a intimação de Popílio (cf. p. 114). Tal estrutura dos ditos configura a "**ficção do verdadeiro**".

Cumpre considerar que o esférico não é mais que o suplemento necessário que a rodela esférica concede à banda de Moebius para constituir o *cross-cap*, permitindo assim fixar a ficção do verdadeiro tapando o furo do real.

> *On pourrait dire que la sphère, c'est ce qui se passe de topologie. La coupure certes y découpe (à se fermer) le concept sur quoi repose la foire du langage, le principe de l'échange, de la valeur, de la concession universelle. (Disons qu'elle n'est que «matière» pour la dialectique, affaire de discours du maître.) Il est très difficile de soutenir cette dit-mension pure, de ce qu'étant partout, pure elle ne l'est jamais, mais l'important est qu'elle n'est pas la structure. Elle est la fiction de la surface dont la structure s'habille.* (§31.7; AE484; OE485)

Poderíamos dizer que a esfera é o que prescinde de topologia. O corte decerto recorta nela (ao se fechar) o conceito em que repousa a feira da linguagem — o princípio da troca, do valor, da concessão universal. (Digamos que ela é apenas "matéria" para a dialética, questão de discurso do mestre.) É muito difícil sustentar essa diz-mensão pura, isso porque, estando em toda parte, pura ela nunca é; mas o importante é que ela não é a estrutura. É a ficção da superfície com a qual a estrutura se reveste.

Não foi necessária a topologia para conceber a esfericidade da dialética da linguagem. Um corte fechado sobre a esfera ilustra o conceito tal como introduzido pela lógica de classes, fixando o que fica dentro ou fora de determinado campo conceitual. O corte ali delimita uma fronteira intransponível, um direito e um avesso claramente separados — conceito de *fronteira* que Lacan distingue claramente de *litoral* (cf. "Lituraterra"[8]). Essa delimitação de tipo "fronteira" corresponde à nossa percepção habitual, organizada pelo discurso do mestre, isto é, pelo senso comum.

É a **"feira da linguagem"**, baseada na **"concessão universal"**: uma *concessão* à existência da proposição universal, a um possível todo unificado. A *rondelle* esférica aporta sua esfericidade, que acaba revestindo a estrutura (asférica) e produzindo a ficção da lógica (esférica).

E dando mais uma volta, Lacan voltará a situar as duas estruturas topológicas — a esférica e a asférica, com seus cortes — relativamente ao dizer, aos ditos e aos seus efeitos:

> *Que le sens y soit étranger, que « l'homme est bon », et aussi bien le dit contraire, ça ne veuille dire strictement rien qui ait un sens, on peut à juste titre s'étonner que personne n'ait de cette remarque (dont une fois de plus l'évidence renvoie à l'être comme évidement) fait référence structurale. Nous risquerons-nous au dire que la coupure en fin de compte n'ex-siste pas de la sphère ? — Pour la raison que rien ne l'oblige à se fermer, puisqu'à rester ouverte elle y produit le même effet, qualifiable du trou, mais de ce qu'ici ce terme ne puisse être pris que dans l'acception imaginaire de rupture de surface : évident certes, mais de réduire ce qu'il peut cerner au vide d'un quelconque possible dont la substance n'est que corrélat (compossible oui ou non : issue du prédicat dans le propositionnel avec tous les faux pas dont on s'amuse)* (§31.8; AE484; OE486)

---

[8]LACAN, J. (1971) *Lituraterra*. In: LACAN, J. Outros escritos. Rio de Janeiro: Jorge Zahar Ed., 2003, p. 22.

Que o sentido lhe seja estranho; que "o homem é bom", bem como o dito contrário, não queiram dizer estritamente nada que tenha um sentido: bem se pode, com todo direito, surpreender-se com o fato de ninguém ter feito, dessa observação (cujo evidenciamento, uma vez mais, remete ao ser como esvaziamento), uma referência estrutural. Acaso nos arriscaríamos no dizer de que o corte, no fim das contas, não ex-siste da esfera? — em razão do fato de que nada o obriga a se fechar, já que, permanecendo aberto, ele produz o mesmo efeito, qualificável como furo, mas por causa de esse termo só poder aqui ser tomado na acepção imaginária de ruptura de superfície: evidente, decerto, mas por reduzir o que ele pode cingir no vazio de um possível qualquer, do qual a substância não passa de um correlato (compossível sim ou não: saída do predicado para o proposicional, com todos os passos em falso com que a gente se diverte).

O esférico (a lógica proposicional) não tem nada a ver com o sentido. A nossa estrutura **"remete ao ser como esvaziamento"** quando os enunciados esféricos e as suas negações **"não querem dizer nada"**, não indicam sentido algum.

Lembremos que o termo *"évidence"* remete, em francês, a *esvaziamento* e a *evidência*, associação já utilizada para o desinchamento do toro (cf. p. 27).

O que acontece com um corte na esfera? Lacan propõe dois tipos de cortes:

1. um corte que, **"permanecendo aberto"**, funciona como um talho; a superfície se mantém conexa em sua totalidade e topologicamente *esférica* (com as duas faces diferenciadas); e
2. um corte fechado que separa a esfera em duas superfícies *esféricas* (cada uma também com duas faces).

Em resumo: nenhum desses cortes produz uma modificação que nos afaste do *esférico* em termos lacanianos.

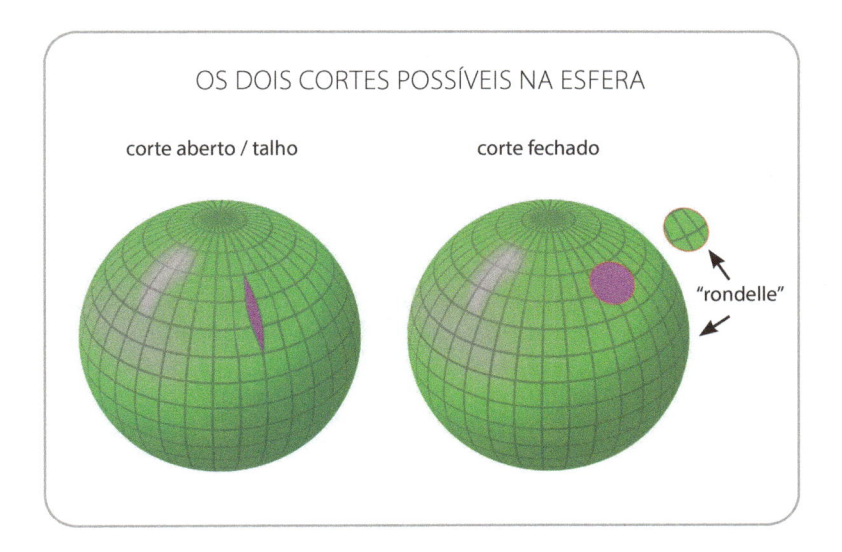

OS DOIS CORTES POSSÍVEIS NA ESFERA

corte aberto / talho   corte fechado

"rondelle"

São cortes nos ditos (esféricos; assentados no "**proposi-cional**", que supõe o universal) que não revelam nenhum "dizer". Se eles fazem aparecer alguma falta, ela será da ordem do "nunca é isso": um *falso* vazio que remete à infinitude dos ditos, à metonímia.

Ch. Fierens comenta que o furo na lógica esférica parte do *possível*, enquanto que o furo da topologia asférica parte do *impossível*, com a conseguinte subversão das significações e o surgimento do sentido[9].

---

[9]FIERENS, C. (2002) *Lectura de L'étourdit*. Trad. R. Cevasco; J. Chapuis. Barcelona: Ediciones S&P, 2012, p. 348.

15 | O corte e a quantidade de voltas: o impossível, o real

Veremos agora como os dois tipos de corte na "**estrutura**" operam, as mudanças que eles produzem e a sua relação com os ditos e o dizer.

> *Ce que la topologie enseigne, c'est le lien nécessaire qui s'établit de la coupure au nombre de tours qu'elle comporte pour qu'en soit obtenue une modification de la structure ou de l'asphère (l, apostrophe), seul accès concevable au réel, et concevable de l'impossible en ce qu'elle le démontre.* (§32.1; AE485; OE486)

> **O que a topologia ensina é o laço necessário que se estabelece entre o corte e o número de voltas que ele comporta para que seja obtida uma modificação da estrutura ou da asfera (com "a"), único acesso concebível ao real — e concebível pelo impossível, na medida em que ele [o corte] o demonstra.**

A topologia pode nos ensinar uma via de acesso a certa concepção do "**real**", ao ilustrar "**o impossível**" com o corte que modifica "**a asfera**". Essa "**modificação**" revela a *modalidade* (o modal) de cada discurso, dado que cada discurso, levado ao seu limite, se depara com "**o impossível**", roçando "**o real**" e basculando de um discurso a outro. "Para a topologia, esses dois modos são a esfera (lógica universalizante) e a asfera (própria da análise)"[1].

---

[1]Ibid., p. 350.

A demonstração vai ser feita a partir do "**número de voltas**" (ímpar ou par) do corte, quantidade crucial para o resultado da transformação da estrutura asférica.

OS DOIS CORTES NA ASFERA

Vejamos agora os dois tipos de corte: de uma volta e de duas voltas.

> *Ainsi du tour unique qui dans l'asphère fait lambeau sphériquement stable à y introduire l'effet du supplément qu'elle prend du point hors ligne, ὀρθὴ δόξα. Le boucler double, ce tour, obtient tout autre chose: chute de la cause du désir d'où se produit la bande moebienne du sujet, cette chute le démontrant n'être qu'ex-sistence à la coupure à double boucle dont il résulte.* (§32.2; AE485; OE486-487)

É assim com a volta única — que, na asfera, produz um retalho esfericamente estável, ao introduzir o efeito de suplemento que ela extrai do ponto extralinha, da ὀρθὴ δόξα. Fechá-la em dobro, essa volta, dá em algo muito distinto: a queda da causa do desejo a partir do qual se produz a banda moebiana do sujeito — essa queda demostrando que ele não passa de ex-sistência ao corte de duplo fecho do qual resulta.

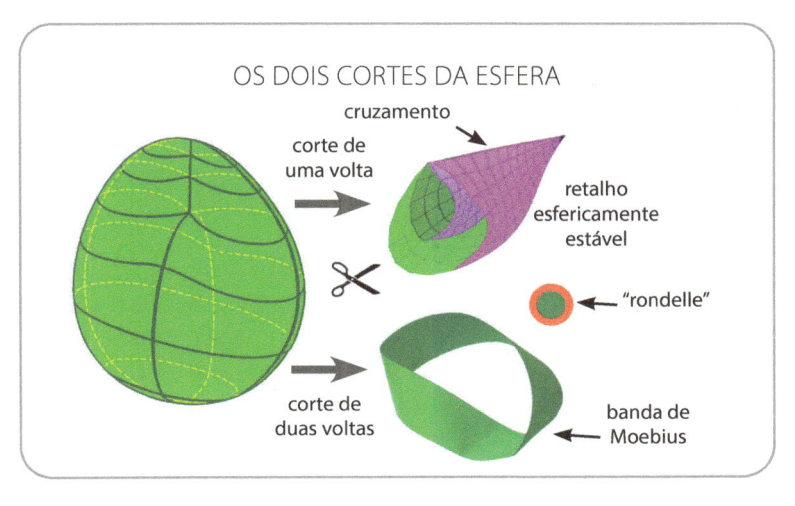

OS DOIS CORTES DA ESFERA

cruzamento

corte de uma volta

retalho esfericamente estável

"rondelle"

corte de duas voltas

banda de Moebius

No esquema diferencia-se muito claramente a transformação que um corte na asfera produz conforme o número de voltas por ele implicado. Apenas um deles produzirá o sujeito barrado[2].

Se, por um lado, o corte produzido numa única volta produz uma transformação da estrutura asférica em esférica — e ilustra com isso "a ὀρθὴ δὸξα" (a orto-doxa, a ortodoxia) —, ele não produz, por outro, um sujeito moebiano. O "**retalho esfericamente estável**" tem um entrecruzamento, mas conserva em sua estrutura o "**efeito de suplemento adquirido**"; ele tem as duas faces aportadas pelo "**ponto extralinha**".

Com o corte de duplo fecho obtém-se algo bem diferente: a "**queda da causa do desejo**" (separação da *rondelle*, o *a*, objeto causa do desejo) que "**produz a banda moebiana do sujeito**" (sujeito barrado [S], banda de Moebius). Demonstra-se, assim, que o S "**não passa de ex-sistência**" em relação a esse corte, visto que esse "**corte de dupla volta**" o produz como tal.

O sujeito barrado é unilátero, mas só adquire uma ex-sistência com a queda da *rondelle*.

O REAL DE UM DIZER

A ex-sistência do sujeito inscreve o real de um "dizer", que devemos distinguir dos efeitos simbólicos/imaginários dos ditos.

> *Cette ex-sistence est dire et elle le prouve de ce que le sujet reste à la merci de son dit s'il se répète, soit: comme la bande moebienne d'y trouver son fading (évanouissement).* (§32.3; AE485; OE487)

> Essa ex-sistência é dizer, e ela o comprova por ficar o sujeito à mercê do seu dito, se ele se repete; ou seja, como a banda moebiana, por encontrar aí o seu fading (esvaecimento).

---

[2]Cf. explicação detalhada dos cortes na p. 107.

O sujeito **"fica à mercê"** de seu dito **"se ele se repete"**, permitindo uma dupla volta que pode produzir um sujeito como puro efeito do corte, e o sujeito encontra o seu ser no seu próprio *"fading* (esvaecimento)".

A banda de Moebius — imaginarizada como uma superfície — ilustra topologicamente esse sujeito, visto que o corte de uma só volta faz com que ela desapareça (cf. §23.7, p. 55 deste volume), e o corte de duas voltas a mantém — reduzindo-a, porém, a esse mesmo corte (cf. §23.10, p. 60 deste volume).

É fundamental que o percurso seja de *uma* ou *duas* voltas, no que diz respeito a considerar a formação do furo.

ENGENHARIA DO FURO

Lacan já insistia em distinguir esses dois tipos de corte em 1962-63, no *Seminário 10: A angústia* (p. 148), distinguindo entre furo imaginário e furo real.

> *Point-noeud (cas de le dire), c'est le tour dont se fait le trou, mais seulement en ce "sens" que du tour, ce trou s'imagine, ou s'y machine, comme on voudra.* (§32.4; AE485; OE487)

> Ponto-nó (é o caso de dizer) é a volta com que se faz o furo, mas somente neste "sentido" de que, pela volta, esse furo se imagina, ou se maquina, como quisermos.

Esse corte de uma volta é crucial (ponto nodal), visto que mantém o **"ponto-nó"** na superfície produzida (cf. p. 149). Esse *"caso de dizer"*[3], com o qual se **"imagina esse furo"** ou se o **"maquina"** (se o fabrica ou se o produz). Notemos a homofonia, em francês, de *"s'imagine"* (se imagina) e *"s'y machine"* (se maquina ou se fabrica...) — referência ao imaginário do furo assim produzido.

---

[3]Em francês a frase *cas de le dire* pode ser lida como "vem ao caso dizer" e "é o caso do dizer".

Nesse caso, a asfera se transforma num "**retalho esfericamente estável**", que mantém a estrutura do "**ponto extralinha**" (aqui mencionado como "**ponto-nó**"), como se mostra na p. 110. Esse é o caso de queda no dito da lógica esférica: com o esvaecimento da superfície unilátera, esvai-se o sentido e prevalece a significação (imaginada ou maquinada) do furo: o furo "*s'y machine*", é assim imaginado, inventado, engenhado, fabricado como uma ficção simbólica e imaginária.

Lembremos que a via de produção do sujeito barrado é a dupla volta produzida pela interpretação analítica, mas aqui se refere ao corte de volta única:

> *L'imagination du trou a des conséquences certes: est-il besoin d'évoquer sa fonction "pulsionnelle" ou, pour mieux dire, ce qui en dérive (Trieb)? C'est la conquête de l'analyse que d'en avoir fait mathème, quand la mystique auparavant ne témoignait de son épreuve qu'à en faire l'indicible. Mais d'en rester à ce trou-là, c'est la fascination qui se reproduit, dont le discours universel maintient son privilège, bien plus elle lui rend corps, du discours analytique.* (§32.5; AE485; OE487)

> A imaginação do furo tem consequências, certamente: será preciso evocar sua função "pulsional" ou, melhor dizendo, o que dela deriva (Trieb)? A conquista da análise é ter feito disso um matema, quando a mística, anteriormente, só testemunhava a sua experiência fazendo disso o indizível. Mas, permanecendo nesse furo, o que se reproduz é a fascinação pela qual o discurso universal mantém o seu privilégio — mais que isso, ela lhe dá corpo — em relação ao discurso analítico.

O furo imaginado encontra, assim, o seu correlato nas zonas erógenas, fonte da qual se alimenta a pulsão freudiana, tal como indica a etimologia do vocábulo *Trieb*. Referência, pois, aos furos pulsionais.

Na mística, essa fabricação do furo se produz imaginariamente, como um "**indizível**" — o que não se pode dizer (que não deve ser confundido com o *indecidível* da lógica formal) —, mas isso não permite que nos apartemos do "**discurso universal**". Lacan parecia estar dizendo que, além do mais, "**o discurso analítico**" confere "**corpo**" a esse furo. Conferir-lhe *corpo* seria, nesse contexto, dar consistência ao furo, não pela via do indizível, mas pela via pulsional/corporal.

O discurso do analista, ao produzir a função fálica, faz dela "**um matema**"; e ela, portanto, pode se transmitir, ser ensinada. Podemos substituir, assim, o "**indizível**" do místico por um itinerário pelos diferentes percursos pulsionais. Mas não convém ficar na contemplação do furo pulsional, porque desse modo "**se reproduz** [...] **a fascinação**" pelo esférico que dá *corpo* ao "**discurso universal**", cujo privilégio é instalar-se na topologia esférica do "**retalho esfericamente estável**" que resulta do corte simples do *cross-cap*.

E ele torna a insistir no fato de que o recurso à topologia não é para imaginar o furo:

> *Le trou ne se motive pas du clin d'oeil, ni de la syncope mnésique, ni du cri. Qu'on l'approche de s'apercevoir que le mot s'emprunte du motus, n'est pas de mise là d'où la topologie s'instaure.* (§32.7; AE485; OE487)

> O furo não se motiva pela piscadela, nem pela síncope mnésica, nem pelo grito. Que se o aborde pela percepção de que a palavra [mot] vem emprestada de motus não vem a calhar quando se instaura a topologia.

Temos aqui uma referência às fendas do corpo correspondentes às pulsões, ao olhar (a "**piscadela**"), ao furo da memória ("**a síncope mnésica**"), à voz (o "**grito**" e seu silêncio). Esse nível nos mantém na esfera, com o que não se obtém o que a topologia "**instaura**": a estrutura asférica.

O FURO NO TORO

Agora ele vai nos lembrar de como o furo organiza — de maneira diferente da asfera — a topologia do toro:

> *Un tore n'a de trou, central ou circulaire, que pour qui le regarde en objet, non pour qui en est le sujet, soit d'une coupure qui n'implique nul trou, mais qui l'oblige à un nombre précis de tours de dire pour que ce tore se fasse (se fasse s'il le demande, car après tout un tore vaut mieux qu'un travers), se fasse, comme nous nous sommes prudemment contenté de l'imager, bande de Moebius, ou contrebande si le mot vous plaît mieux.* (§32.8; AE485-6; OE487)

Um toro só tem furo, central ou circular, para quem o olha como objeto, não para quem é o seu sujeito, ou seja, por um corte que não implica furo nenhum, mas que o obriga a um número preciso de voltas de dizer para que esse toro se faça (se faça caso ele o demande, pois, afinal, um toro vale mais que um través); se faça, como nós nos contentamos prudentemente em imagetizar, banda de Moebius — ou contrabanda, se a palavra for mais do agrado dos senhores.

Visto de fora, "**como objeto**", o toro tem dois furos: o "**central**" e o "**circular**", que forma o tubo (usualmente chamado de *alma*). Mas esses furos não são localizáveis para alguém bidimensional que se desloque pela superfície tórica, isto é, para um sujeito imerso nas duas dimensões tóricas: a *demanda* (meridianos seguindo o tubo da alma) e o *desejo* (paralelos ao redor do furo central). Para esse alguém, nenhum furo é perceptível: nem o central, nem a alma do toro.

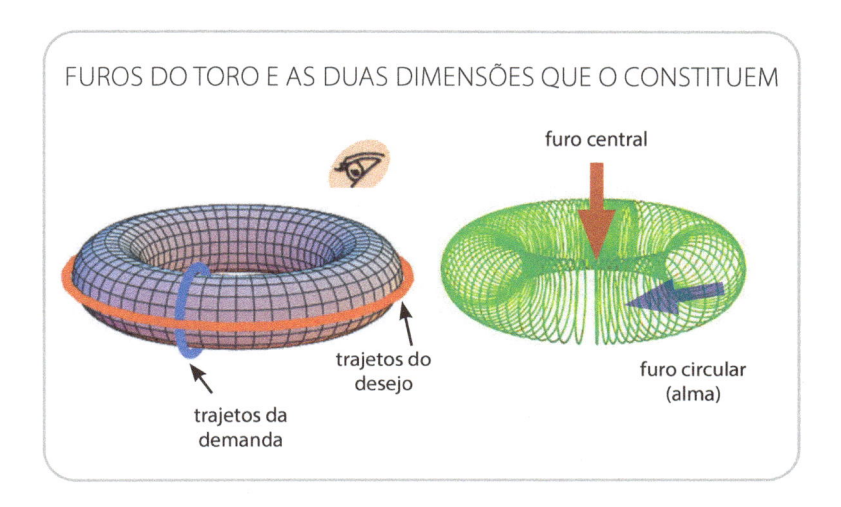

FUROS DO TORO E AS DUAS DIMENSÕES QUE O CONSTITUEM

furo central

trajetos do desejo

furo circular (alma)

trajetos da demanda

E aqui voltamos a encontrar — nesse caso, sobre o toro — o que em §32.1 ele havia assinalado a respeito da asfera: a importância do número de voltas dos ditos para que o objeto causa do desejo possa se recortar. A topologia do toro, os seus furos, obrigam "**a um número preciso de voltas de dizer**", dos ditos, para obter uma banda de Moebius. Mas, para consegui-lo, ainda é preciso que alguém "**o demande**", isto é, que alguém se preste à experiência analítica. E isso não é automático porque, para seguir vida afora, mais vale "**um toro**" (isto é, uma neurose) que andar de "**través**".

Ressaltamos que J. Lacan utiliza aqui o vocábulo "*travers*", que tem outras conotações além de "**través**" (de esguelha, desviado). Ele empregou esse mesmo termo, anteriormente, para nomear o ponto "**traverso**" de um ponto da banda de Moebius (§23.3, cf. "A4 - Direito, avesso e través", p. 195), e também para indicar o movimento de meia torção que se faz para construir uma banda de Moebius a partir de uma fita de duas faces ("*travers idéal*" §23.9, cf. p. 59 deste volume), inclusive para indicar o autoatravessamento do *cross-cap* ("*la traversée*" §23.15, cf. p. 93 deste volume).

Para produzir um sujeito a partir do toro, será necessário produzir "**um corte que não implica furo nenhum**"; só que o corte deve ser feito com "**um número preciso de voltas**" (ímpar, ele dirá em seguida), para que "**se faça** [...] **banda de Moebius**". Essa é a primeira transformação necessária para, depois, obter a asfera. Isto é, haverá "**sujeito**" de um toro — que é uma superfície esférica — a partir da modificação topológica por esvaziamento / pinçamento, corte e costura da banda de duas faces consigo mesma, como desenvolvemos anteriormente[4].

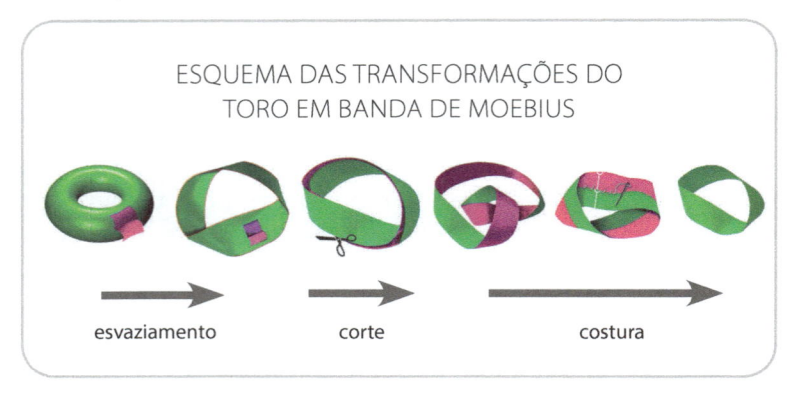

Assim se consegue uma "**contrabanda**" (que evoca *contrabando*, tramoia, tráfico...), outro nome possível — "**se a palavra for mais do agrado dos senhores**" — para o sujeito barrado.

> *Un tore, comme je l'ai démontré il y a dix ans à des gens en mal de m'envaser de leur contrebande à eux, c'est la structure de la névrose en tant que le désir peut, de la ré-pétition indéfiniment énumérable de la demande, se boucler en deux tours. C'est à cette condition du moins que s'en décide la contrebande du sujet — dans ce dire qui s'appelle l'interprétation.* (§32.9; AE486; OE487)

---

[4]Cf. o esquema desenvolvido na p. 96.

Um toro — como demonstrei, dez anos atrás, a pessoas que queriam muito me atascar com o contrabando delas — é a estrutura da neurose, na medida em que o desejo pode, com a re-petição indefinidamente enumerável da demanda, enganchar-se em duas voltas. É sob essa condição, pelo menos, que se decide pela contrabanda do sujeito — nesse dizer que se chama de "interpretação".

A expressão aqui é taxativa: "**um toro** [...] é a estrutura da neurose". Ele já o havia "**demostrado**" em 1962, em *A identificação* — seminário ministrado aos que queriam *contrabandear* com a psicanálise (referência à IPA). Também nesse mesmo seminário ele já havia assinalado, como um traço de *contrabando*, o fato de se haver introduzido o *je* [Eu] na conclusão cartesiana "*Je pense, donc je suis*" [Eu penso, logo Eu sou][5].

É preciso, ademais, examinar as características que deve ter o corte que "**decide**" se a "**contrabanda**" vai, ou não, ser produzida a partir do toro neurótico. A demanda requer a sua "**re-petição**" (*re-pedir*, voltar a formular), mas quantas vezes? Uma quantidade de vezes "**indefinidamente numer**ável". Sabemos que "o desejo" pode se fechar com um percurso de duas voltas, mas não sabemos quantas voltas da demanda são necessárias. Encontraremos a resposta um pouco mais adiante (§32.13). Esse fecho (ou corte) está produzido pelo que "**se chama de 'interpretação'**", que gera a banda bilátera e, daí, "**a/o contrabanda(o)**": o sujeito.

Para compreender os próximos parágrafos convém precisar como é esse percurso que fecha em duas voltas ao redor dos furos da demanda e do desejo.

---

[5]LACAN, J. (1961-9162) *Le séminaire, livre IX: L'Identification*, 22 de novembro de 1961, inédito.

PERCURSO DO CORTE QUE FECHA EM DUAS VOLTAS

Podemos desenhar, agora sobre o toro *inflado*, o mesmo trajeto do corte que se fez sobre o toro esvaziado, pinçado e convertido na falsa banda de Moebius (cf. p. 27).

Na "**interpretação**", que implica a repetição da demanda e se fecha sobre o desejo, o corte transforma a estrutura topológica.

> *Je voudrais seulement faire un sort à la sorte d'incitation que peut imposer notre topologie structurale.* (§32.10; AE486; OE488)

> Gostaria apenas de dar um tratamento especial à espécie de incitação que a nossa topologia estrutural pode impor.

Aqui se pode ler a intenção de J. Lacan quanto a conferir um destino a essa topologia da estrutura que, num piscar de olhos, remete à antropologia estrutural. Um tratamento especial (*"un sort"*), um sortilégio, para que ela possa ser utilizada na prática clínica.

AS VOLTAS DA DEMANDA E O DESEJO

Lacan retomará, então, a partir da topologia, as condições de re-petição da demanda e a interpretação:

> *J'ai dit la demande numérable dans ses tours. Il est clair que si le trou n'est pas à imaginer, le tour n'ex-siste que*

du nombre dont il s'inscrit dans la coupure dont seule la fermeture compte. (§32.11; AE486; OE488)

Eu disse que a demanda é numerável em suas voltas. Está claro que, mesmo que não dê para imaginar o furo, a volta só ex-siste pelo número com o qual ela se inscreve no corte, do qual só importa o fechamento.

O "**numerável**" da demanda pode ser imaginado como uma espiral que dá "**voltas**" em torno do furo circular que chamamos de "da demanda", mas isso só para quem o observa de fora. Para o toro neurótico, em si, a espiral não conta; só "se inscreve" — será contada, será considerada como *uma volta* — quando se fechar, e valerá então como uma única volta.

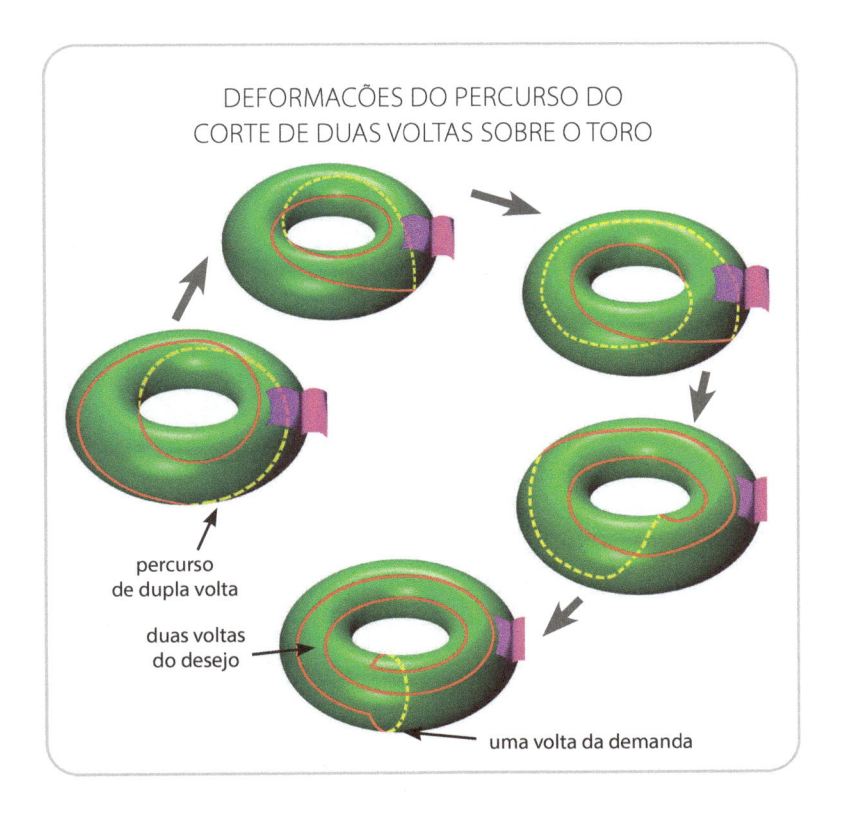

DEFORMAÇÕES DO PERCURSO DO
CORTE DE DUAS VOLTAS SOBRE O TORO

percurso
de dupla volta

duas voltas
do desejo

uma volta da demanda

A forma como se costuma desenhar o trajeto de dupla volta sobre o toro não permite visualizar quantas voltas ele dá ao redor do furo do desejo e quantas sobre o furo da demanda. Podemos então deformar esse trajeto, sem variar em nada a estrutura topológica, para melhor visualizar a quantidade de voltas em torno de cada furo. Comprovamos que o corte necessário para produzir a banda bilátera dá dois giros em torno do furo central do desejo e um giro em torno do furo circular da demanda.

Repetição

Lacan voltará a repetir o que disse anteriormente sobre as voltas. Com esse corte obtém-se a banda bilátera com duas bordas e com duas meias torções. Tal torção é condição necessária para que, em seguida, se forme uma banda de Moebius mediante a costura de uma de suas duas bordas consigo mesma (cf. o processo na p. 46 e/ou o esquema na p. 156):

> *J'insiste : le tour en soi n'est pas comptable; répétitif, il ne ferme rien, il n'est ni dit ni à dire, c'est-à-dire nulle proposition. D'où ce serait trop dire qu'il ne relève pas d'une logique, qui reste à faire à partir de la modale. (§32.12; AE486; OE488)*

> Insisto: a volta, em si, não é contável. Repetitiva, ela é algo que não fecha nada; que nem é dito, nem está por dizer — isto é, não é proposição alguma. Seria demais, daí, afirmar que ela não compete a nenhuma lógica — a qual está por ser feita a partir da modal.

Lacan insiste no fato de que a volta "**em si**" não pode se contar até que se produza o fecho, o corte. Pura modalidade: *queria que... solicito que... peço que...* Mas essas não são proposições, visto que não fecham nada.

Surge aqui a pergunta sobre se haveria alguma lógica que pudesse articular esses ditos da demanda. Nesse momento de seu ensino, parece-lhe "demais" responder negativamente, e ele entende que, talvez, eles pudessem ser tratados com alguma "**lógica modal**". Ainda não foi feita uma lógica desse tipo. Poderia ser uma lógica da diversidade das envolturas formais da demanda? Quem sabe deixando de lado aquilo que se demanda para ocupar-se do modo como se a formula? Esse é um campo aberto à investigação. A expressão "*nulle proposition*" também pode ser entendida como "proposição nula", elemento fundamental de qualquer lógica formalizada. Elemento neutro de alguma lógica, "**a qual está por ser feita**" apoiando-se na "**lógica modal**".

> *Mais si comme l'assure notre figuration première de la coupure dont du tore se fait la bande de Moebius, une demande y suffit, mais qui peut se ré-péter d'être énumérable, autant dire qu'elle ne s'apparie au double tour dont se fonde la bande qu'à se poser du transfini (cantorien).* (§32.13; AE486; OE488)

> Mas se, como assegurado pela nossa figuração inicial do corte pelo qual do toro se faz a banda de Moebius, basta uma demanda — mas que pode se re-petir, por ser enumerável —, isso equivale a dizer que ela só se emparelha com a dupla volta, com a qual se funda a banda, ao se colocar a partir do transfinito (cantoriano).

A primeira figuração mostra a "dupla volta" do corte (cf. imagens na p. 159). Convém precisar que a "dupla volta" implica sempre a vertente da demanda (um giro, pelo menos) e a vertente do desejo (dois giros) que fecha o percurso produzindo o corte. Essa demanda, que vemos "**se re-petir**", pode ser contada, por isso "é **enumer**ável". Inclusive se considerarmos que a "**re-peti**ção" se repete ao infinito. Seguindo o procedimento de Cantor, podemos numerá-la com o primeiro número "**transfinito (cantoriano)**". A elaboração cantoriana concede um número cardinal a esse infinito dos números naturais. Cantor o denominou "alef-zero ($\aleph_0$), o primeiro dos cardinais transfinitos (cf. Anexo 6, "Os números transfinitos", p. 199).

A DEMANDA ÍMPAR

Assim, podemos afirmar que *uma* demanda é suficiente: estando sempre presa à compulsão da sua repetição infinita, é suficiente quando fecha as duas voltas do desejo. A repetição ao infinito pode ser contada, ela se *unifica* e se conta como o primeiro transfinito cantoriano $(\aleph_0)$[6].

> *Reste que la bande ne saurait se constituer qu'à ce que les tours de la demande soient de nombre impair.* (§32.14; AE486; OE488)
>
> De todo modo, a banda só tem como se constituir se as voltas da demanda forem de número ímpar.

O número de voltas da demanda poderá ser qualquer um; porém, "**de todo modo**" — como se sustenta —, sempre será um "**número ímpar**": essa é a condição para que o corte possa se fechar com as duas voltas do desejo. A demanda ao infinito cumpre essa condição ao se lhe atribuir o *primeiro* transfinito.

É o que ilustramos desenhando sobre o toro as duas voltas do desejo fechando em uma e em três voltas da demanda:

REPRESENTAÇÃO DO CORTE COM UMA VOLTA E COM TRÊS VOLTAS DA DEMANDA

duas voltas do desejo

uma volta da demanda

três voltas da demanda

---

[6]J. Lacan já havia se referido à repetição como transfinito numerável em (§18.7; AE467; OE468) e em (§27.16; AE477; OE478).

Não é possível fechar as duas voltas do desejo com nenhum número par de demandas.

Deixamos para o leitor o exercício de desenhar duas ou quatro voltas-*demanda* e comprovar que, ao tentar o fecho com duas, quatro ou outro número par de voltas-*desejo*, os trajetos necessariamente se cruzam, quer dizer, não se pode fazer um corte do tipo proposto. Para uma justificação um pouco mais formal, cf. Anexo 7 ("A demanda ímpar", p. 201).

O desejo se fecha com duas voltas mediante a volta "ímpar" da demanda — heterogênea e, ao mesmo tempo, simultânea às voltas do desejo.

As voltas da demanda são as que, em seu *re-petir-se*, vão formando o toro (vão perfilando o sujeito neurótico); são as voltas dos ditos na prática analítica. A interpretação permite acabar essa re-petição num número ímpar $(1, 3, 5, \ldots \aleph_0$, o primeiro transfinito cantoriano) de demandas que fecha a dupla volta do desejo, cingindo assim o a como objeto da sua causa.

> Le transfini en restant exigible, de ce que rien, nous l'avons dit, ne s'y compte qu'à ce que la coupure s'en ferme, le dit 7 transfini, tel Dieu lui-même dont on sait qu'il s'en félicite, y est sommé d'être impair. (§32.15; AE486; OE488)

Como o transfinito continua exigível — pelo fato de nada, como dissemos, contar-se aí, se o corte não se fecha —, o dito transfinito, tal como o próprio Deus — que sabemos que se congratula por isso —, vê-se intimado a ser ímpar.

Fica parecendo que Lacan situa o ímpar finito do lado do imaginar, e então ele sustenta que "**o transfinito continua exigível**", porque sempre será preciso dar o salto

---

[7] A versão *Autres écrits* escreve "*ledit transfini*" [odito transfinito] onde a versão *Scilicet* coloca "le dit transfini" [o dito transfinito]: pode-se supor um erro de transcrição.

da infinitude da demanda numerável para uma nomeação dessa infinitude, que é o que faz Cantor com o seu primeiro transfinito.

A referência a Deus utiliza a dicotomia *par/ímpar* para se referir ao *par/díspar*, no sentido de semelhante/não semelhante.

"**O próprio Deus**" reivindica estar no lugar do transfinito, o qual não nos poupa de ter que concebê-lo como "ímpar" — quer dizer, como não semelhante à humanidade, um *im-par* do homem.

A imparidade do ser de Deus também está expressa no Mistério da Trindade: *Deus é Um e Trino.*

Conclusão

> *Voilà qui ajoute une dit-mension à la topologie de notre pratique du dire.* (§32.16; AE486; OE488)

> Eis o que acrescenta uma diz-mensão à topologia da nossa prática do dizer.

O corte que se fecha com a demanda ímpar produz a subversão topológica:

> *Ne doit-elle pas rentrer dans le concept de la répétition en tant qu'elle n'est pas laissée à elle-même, mais que cette pratique la conditionne, comme nous l'avons aussi fait observer de l'inconscient?* (§32.17; AE486; OE488)

> Acaso ela não deve entrar no conceito da repetição, na medida em que não fica entregue a si mesma, mas que essa prática a condiciona, como também fizemos com que se observasse quanto ao inconsciente?

Trata-se de introduzir essa topologia (a topologia do corte que fecha com o "**transfinito ímpar da demanda**") na própria concepção de "**repetição**", dado que a repetição está induzida pela nossa "**prática**", prática do dizer, tal como se reflete também em nossa concepção do "**inconsciente**".

O discurso do analista produz a repetição como função fálica que impõe a transformação das significações da demanda.

16 | O final

A seguinte referência à topologia trata do fim da análise, enriquecida posteriormente com outras referências não topológicas como o tratamento dos impossíveis no campo do sentido, do sexo e da significação (§33.6 a §33.10), e a análise dos equívocos no sentido homofônico, gramatical e lógico (§34.26 a §34.43).

> *Disons pourtant la fin de l'analyse du tore névrotique.* (§33.1; AE487; OE488)

> **Mas falemos do fim da análise do toro neurótico.**

Aqui J. Lacan anuncia que irá expor, topologicamente, o final de análise do toro neurótico. O sujeito neurótico tórico do início fica imerso na estrutura asférica e seus diversos cortes; e veremos como, só-depois, o esférico se capta como projeção.

Cumpre levar em conta — como comenta, muito adequadamente, Michel Bousseyroux[1] — que essa concepção do fim de análise não se corresponde com o momento da "identificação com o sintoma". No ensino de Lacan há considerações, posteriores a 1972, que impulsionam na direção de uma revisão da topologia de superfícies a partir de uma perspectiva borromeana.

> *L'objet (a) à choir du trou de la bande s'en projete après coup dans ce que nous appellerons, d'abus imaginaire, le*

---

[1]BOUSSEYROUX, M. *Au risque de la topologie et de la poésie.* Toulouse: érès, 2011, p. 254-259.

trou central du tore, soit autour de quoi le transfini impair de la demande se résout du double tour de l'interprétation. (§33.2; AE487; OE488)

O objeto (a), ao cair do furo da banda, projeta-se só-depois no que chamaremos, por abuso imaginário, de "furo central do toro", ou seja, aquilo em torno do qual o transfinito ímpar da demanda resolve-se pela dupla volta da interpretação.

Temos aqui a operação topológica que corresponde ao que se espera de um final de análise.

Estamos em 1972 e, sem dúvida, ela corresponde à teorização sobre o fim que encontramos desdobrada na "Proposição de 9 de outubro..."[2] — quer dizer, em sua proposta para o passe.

Mas, de todo modo, já em *O aturdito* Lacan introduz um trecho a mais no tratamento: o tempo que vai do atravessamento da fantasia à queda do objeto *a*. Esse trecho fica situado como o tempo do luto que o analisante tem de fazer em relação ao analista, na medida em que este representava o objeto que causa o seu desejo.

Poderíamos situar o atravessamento da fantasia (e o fim da análise, segundo a concepção desse momento e nesse texto) quando se produz, na asfera (a estrutura, a fantasia), o corte em duplo fecho que separa a *rondelle* esférica (o objeto *a* causa do desejo) da banda de Moebius (sujeito barrado em seu esvaecimento). Esse corte é, ao mesmo tempo, a borda do $ \mathcal{S} $ e do objeto *a* (cf. p. 70).

Podemos imaginar, portanto, que a *rondelle* então "**se projeta**" no furo do toro — situando-a, assim, "**por abuso imaginário**", no furo central do toro. Também se pode imaginar que as voltas da demanda conformam esse furo circular em torno do qual giram, enquanto dão a "**dupla**

---

[2] LACAN, J. (1967) Proposição de 9 de outubro de 1967 sobre o psicanalista da Escola. In: LACAN, J. Outros escritos. Rio de Janeiro: Jorge Zahar Ed., 2003, p.252-260.

volta da interpretação" em torno do furo central, fechando-se com o primeiro transfinito: "**o transfinito ímpar da demanda**".

Mas, como já foi dito, essa é uma percepção do toro visto de fora. O objeto *a* não *está* no furo central do toro, nem em nenhum outro lado do toro, ainda que se possa imaginá-lo como estando ali onde ele o havia situado em *A identificação*[3].

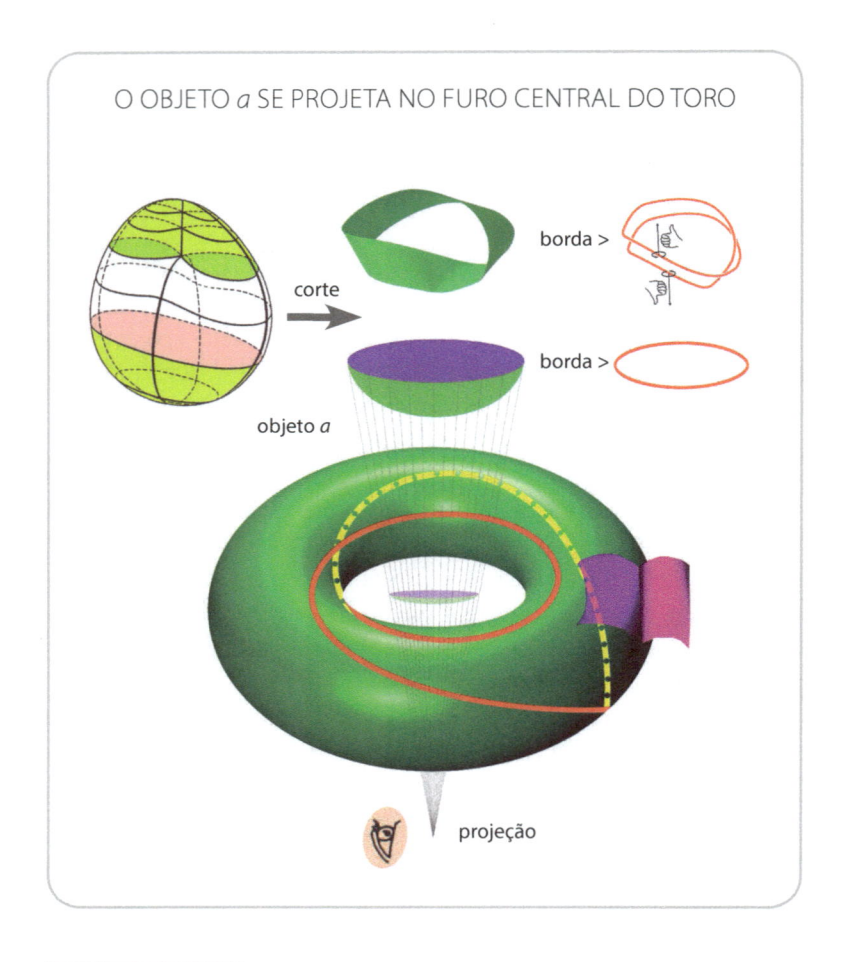

O OBJETO *a* SE PROJETA NO FURO CENTRAL DO TORO

corte

borda >

borda >

objeto *a*

projeção

---

[3]LACAN, J. (1961-1962) *Le séminaire, livre IX: L'Identification*, 9 de maio de 1962, inédito.

O "**transfinito ímpar da demanda**" resolveu-se com "**a dupla volta da interpretação**".

Ainda é preciso consumar o luto pelo objeto *a* (representado pelo analista); luto que permita concluir o tratamento. Então:

> *Reste le stable de la mise à plat du phallus, soit de la bande, où l'analyse 4 trouve sa fin, celle qui assure son sujet supposé du savoir:* (§33.6; AE487; OE489)

> Resta o estável do aplanamento do falo, ou seja, da banda, onde a análise encontra o seu fim; aquele que assegura o seu sujeito suposto do saber:

A banda de Moebius, como puro corte, estabiliza-se sem voltar a *inchar* com o imaginário fálico.

Isso supõe também a aquisição de um saber que indica que o sujeito suposto saber assentava-se nas diz-menções do impossível. E, a partir disso, "**ele saberá criar uma conduta para si**" (§33.10; AE487; OE489).

ALGO MAIS

Lacan termina introduzindo o termo "*parêtre*" para a interpretação da segunda volta do desejo. É um dizer da interpretação que, se produz os benefícios do sujeito barrado, não elimina o fato de *que o dizer fica esquecido por trás dos ditos* — o que nos remete à frase inaugural de *O aturdito* (§2.1; AE449; OE448).

E voltamos a encontrar o recurso à topologia quando ele responde à sua pergunta retórica sobre a consistência deste "*parêtre*" que produz um corte "**verdadeiro**" (interpretação) na estrutura asférica:

4"*l'analyse*" [a análise]: retomamos o texto originalmente publicado em Scilicet, n. 4 (p. 44) — que, na versão de *Autres écrits*, foi substituído por "*l'analyste*" [o analista].

En quoi consiste le parêtre? En ce que produisant les coupures "vraies": à entendre strictement des coupures fermées à quoi la topologie ne permet pas de se réduire au point-hors-ligne ni, ce qui est la même chose, de ne faire que trou imaginable. (§34.3; AE488; OE490)

Em que consiste o pareser? Naquilo que é produzido pelos cortes "verdadeiros" — a serem entendidos estritamente como cortes fechados, que a topologia não permite que se reduzam ao ponto-extralinha, nem, o que é a mesma coisa, de só fazer furo imaginável.

Esse *"parêtre"* não tem o estatuto de um ser. Cumpre considerá-lo um **"pareser"**, onde a partícula *par* conjuga duas acepções: de um lugar *junto ao ser* ou *ao lado do ser* e do *parecido,* às vezes *enganoso, marginal* ou até *anômalo.* Lacan brinca novamente com a homofonia, em francês, de *parêtre* e *paraître* (aparentar, parecer, aparecer...).

O **"pareser"** do dizer vem da segunda volta que faz com que surjam, ao mesmo tempo, a *rondelle* e a banda de Moebius. A dupla volta do corte **"verdadeiro"** se fecha com uma torção que produz o sujeito barrado (banda de Moebius) e o objeto *a* causa do desejo (*rondelle*).

Ce dire que je rappelle à l'ex-sistence, ce dire à ne pas oublier, du dit primaire, c'est celui que la psychanalyse peut prétendre à se fermer. (§34.6; AE488; OE490)

Esse dizer, que convoco à ex-sistência — esse dizer que não deve ser esquecido — do dito primário, é o que a psicanálise pode almejar para se encerrar.

Para que uma psicanálise possa **"se encerrar"** é necessário que a dupla volta da interpretação o encerre, para além, inclusive, de ter produzido o corte no toro neurótico — visto que um fim de análise supõe, ademais, que não se esqueça **"esse dizer"** cuja **"ex-sistência"** está excluída do "**dito primário**". O fim da análise consiste, segundo esse paradigma, em não esquecer que há "**esse dizer**", e confirmá-lo como ex-sistente.

> *Le langage ne peut désigner que la structure dont il y a effet de langages, ceux-ci plusieurs ouvrant l'usage de l'un entre autres qui donne à mon comme sa très précise portée, celle du comme un langage, dont justement diverge de l'inconscient le sens commun. Les langages tombent sous le coup du pastous de la façon la plus certaine puisque la structure n'y a pas d'autre sens, et que c'est en quoi elle relève de ma récréation topologique d'aujourd'hui.* (§34.9; AE489; OE490-491)

A linguagem só pode designar a estrutura pela qual há efeito de linguagens, que são várias, dando acesso ao uso de uma entre outras — o que confere ao meu como o seu muito preciso alcance: o do como uma linguagem, com o qual, justamente, o senso comum diverge do inconsciente. As linguagens ficam sob o jugo do nãotodo da forma mais certeira, visto que a estrutura não tem outro sentido aí — e é nisso que ela compete à minha recriação topológica de hoje.

Nesse momento, Lacan está produzindo a sua "**recriação topológica**", que serve também para revelar o "*n*ão-*todo*" das linguagens — que é o "**sentido**" da estrutura.

Aqui todo o desenvolvimento de Lacan vai no sentido de reconsiderar sua definição do inconsciente estruturado "*como uma* **linguagem**", e não como *a* linguagem. "**A linguagem**" é objeto unicamente da linguística, que nada quer saber da topologia adequada ao discurso do analista. Essa topologia rompe com a ilusão de considerar *a linguagem* de uma maneira universalizante, como muitas vezes a linguística faz. Nesses mesmos anos de 1971-72, a partir de tais reflexões, J. Lacan cria o neologismo *lalangue* (*lalíngua*, numa palavra só) — termo que utilizará até o fim do seu ensino[5]. Este parágrafo assinala que *lalíngua* (como todas as linguagens) está sob o regime do *nãotodo* familiar à sexuação feminina:

> *La psychanalyse n'y accède, elle, que par l'entrée en jeu d'une Autre dit-mention, laquelle s'y ouvre de ce que le meneur (du jeu) "fasse semblant" d'être l'effet de langage majeur, l'objet dont s'(a)nime la coupure qu'elle permet par là: c'est l'objet (a) pour l'appeler du sigle que je lui affecte.* (§34.11; AE489; OE491)

A psicanálise, por sua vez, só tem acesso a isso pela entrada em jogo de uma Outra diz-menção, que para ela se abre porque o condutor (do jogo) "faz semblante" de ser o grande efeito de linguagem, o objeto com que se (a)nima o corte que ela assim permite: é o objeto (a), para chamá-lo com a sigla que lhe atribuo.

"**A psicanálise** [...] **tem acesso**" à estrutura do inconsciente na medida em que "**o condutor (do jogo)**" — ou seja, o psicanalista — "**faz semblante**" (ocupa o lugar de semblante do objeto *a*). Essa "**Outra diz-menção**"[6] só se abre com o discurso do analista, que permite que aquilo que é chamado de "**(a)**" por Lacan "**(a)nime**" uma interpretação que feche a dupla volta, fazendo aparecer o sujeito barrado disjunto de/conjunto com o objeto *a* na fantasia.

> *C'est le dire dont se ressaisissent, à en fixer le désir, les coupures qui ne se soutiennent comme non fermées que d'être demandes. Demandes qui d'apparier l'impossible au*

---

[5]O termo *lalangue* aparece pela primeira vez em 4 de novembro de 1971, primeira lição de "Le savoir du psychanalyste" [O saber do psicanalista], publicado como *Estou falando com as paredes* (p. 18-20), e apareceu pela última vez no "Seminário de Caracas", 1980.

[6]Ao longo de todo o texto Lacan utilizou o termo *dit-mension* (que alude a "dimensão"): diz-mensão. Aqui é a única vez que ele utiliza *dit-mention* (que alude a "mencionar"): diz-menção.

contingent, le possible au nécessaire, font semonce aux prétentions de la logique qui se dit modale. (§34.19; AE490; OE492)

É o dizer com que se recuperam, para lhes fixar o desejo, os cortes que só se sustentam como não fechados por serem demandas. Demandas que, por emparelharem o impossível com o contingente, o possível com o necessário, servem de exortação às pretensões da lógica que se diz "modal".

Trata-se do dizer do analista que — se é eficaz — separa a banda de Moebius da *rondelle*. A interpretação tem de ser apofântica (num sentido que deve ser distinguido do apofântico, ou veritativo, da lógica proposicional) para conseguir fechar a dupla volta, fazendo aparecer a estrutura.

A dupla volta do dizer se consegue "**fixando o desejo**" que está em jogo nas "**demandas**". Para *fixar* o desejo, o toro deve se transformar em *cross-cap*. As demandas repetem-se indefinidamente e sustentam-se como não fechadas até que se tenha realizado o percurso do "**impossível**" em suas variantes correspondentes aos quatro discursos: contraditório, incompleto, indemonstrável, indecidível — como especificado por Ch. Fierens[7].

As demandas não emparelham o necessário com o impossível, mas "**o impossível com o contingente**" e "**o possível com o necessário**", segundo a divisão das posições sexuais nas fórmulas da sexuação. Elas "**servem de exortação**", em termos de desejo, para fechar o circuito completo segundo o duplo fecho do dizer.

Ces équivoques dont s'inscrit l'à-côté d'une énonciation, se concentrent de trois points-noeuds où l'on remarquera non seulement la présence de l'impair (plus haut jugé

---

[7] Cf. FIERENS, C. (2002) *Lectura de L'étourdit*. Trad. R. Cevasco; J. Chapuis. Barcelona: Ediciones S&P, 2012, p. 364-367.

indispensable), mais qu'aucun ne s'y imposant comme le premier, l'ordre dont nous allons les exposer s'y maintient et d'une double boucle plutôt que d'un seul tour. (§34.25; AE491; OE493)

> Esses equívocos — pelos quais o adicional de uma enunciação se inscreve — concentram-se em três pontos-nós, nos quais observaremos não apenas a presença do ímpar (julgado, acima, indispensável), mas também, nenhum deles se impondo como primeiro, que a ordem em que os exporemos mantém-se mais por um fecho duplo do que por uma única volta.

Os "**equívocos**" se concentram, se acumulam em "**três pontos-nós**", cuja expressão é, em si mesma, um equívoco entre o ponto ("**ponto extralinha**") e o nó (a "**linha sem pontos**").

Nos parágrafos seguintes irão se desdobrar os "**três pontos-nós**" em que os equívocos se concentram: o plano da homofonia, a gramática e a lógica (§34.26). É uma ordem na qual nenhum está em primeiro — pouco importa se um ou outro tipo de equívoco aparece em primeiro.

Toda interpretação deve empregar os três tipos de equívocos que se produzem ao longo dos ditos para fechar o percurso do desejo e terminar com o esquecimento do dizer.

Não obstante, o fato de que "**a ordem [...] mantém-se**" tem o seu sentido, a sua orientação, pois a gramática se impõe a partir da homofonia e a lógica demonstra o impossível da gramática.

Lacan desenvolverá então alguns exemplos de equívocos homofônicos, gramaticais e lógicos. Convém assinalar que, a partir da análise do equívoco lógico, ele introduz os três impossíveis: o do sentido (sentido e matema), o do sexo (sexo e função fálica) e o da significação (significação das demandas e a repetição).

O *cross-cap*, com a sua estrutura, *permite ilustrar* o equívoco com um "*a-dicional*" sobre a enunciação de um dito, situando assim a estrutura do duplo fecho do dizer (§34.27). A dualidade mesma das duas partes (banda de Moebius e rodela esférica) gera o equívoco, já que o "**pareser**" só se sustenta pela queda do ponto extralinha (queda do objeto *a*).

Ainda a demanda

Daqui em diante encontramos somente mais três referências topológicas, e todas elas relativas à demanda.

A primeira, umas linhas abaixo da anterior, ocupa-se do uso do equívoco por parte do psicanalista e sua conveniência para a interpretação, mostrando a topologia do toro conformada pela insistência da demanda referida à articulação do desejo. O que ele está dizendo ali é que "**todas as jogadas estão permitidas**" (§34.29) na análise...

> *Où c'est convenable pour sa fin : soit pour, de son dire qui en rescinde le sujet, renouveler l'application qui s'en représente sur le tore, sur le tore dont consiste le désir propre à l'insistance de sa demande.* (§34.29; AE491; OE493)

> Onde isso é conveniente para o seu fim: ou seja, com seu dizer que rescinde o sujeito, renovar a aplicação que dele se representa no toro — no toro de que consiste o desejo próprio à insistência da sua demanda.

A segunda referência: o psicanalista empregará o equívoco homofônico, gramatical e lógico "**para o seu fim**", para o seu objetivo, isto é, para fazer emergir a consistência do "**desejo**" do sujeito ao qual a "**insistência da sua demanda**" dá corpo.

Lacan ilustra que é possível "**renovar**" (reconduzir, mudar) a "**aplicação que dele se representa no toro**" (o sujeito S, banda de Moebius), esse toro criado pela demanda, insistindo que dele "**consiste o desejo**".

Si une gonfle imaginaire peut ici aider à la transfinisation phallique, rappelons pourtant que la coupure ne fonctionne pas moins à porter sur ce chiffonné, dont au dessin girafoïde du petit Hans j'ai fait gloire en son temps. (§34.30; AE491; OE493)

Se um inchaço imaginário pode auxiliar aqui na transfinitização fálica, lembremos, no entanto, que o corte não funciona menos ao incidir sobre aquele amarrotado para cuja fama, no desenho girafoide do pequeno Hans, contribuí na devida época.

Aqui ele nos lembra do fato de que, se as numerosas voltas da demanda ("**inchaço imaginário**" do toro) podem ajudar, com a sua repetição, a estabelecer a função fálica, "**o corte**" interpretativo "**não funciona menos**" sobre o toro aplanado ("*chiffonné*/**amarrotado**"): duas voltas do desejo e demanda ímpar. Cf. a manipulação topológica de pinçamento e aplanamento do toro, no princípio do seu desenvolvimento topológico (p. 27 deste guia).

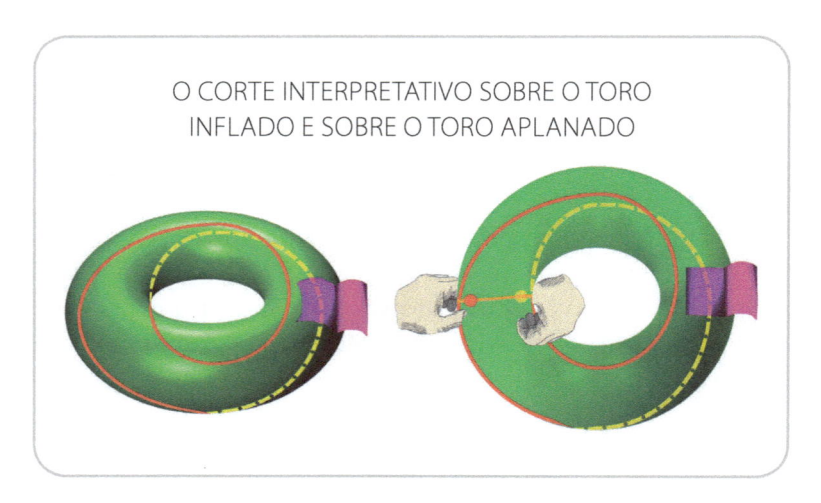

O CORTE INTERPRETATIVO SOBRE O TORO INFLADO E SOBRE O TORO APLANADO

Encontramos a prova para o caso no "**desenho girafoide**" (fálico) sobre o papel "**amarrotado**": a bem conhecida girafa que Hans desenha e amassa. J. Lacan contribuiu para com a **"fama"** desse desenho, dedicando muitas sessões de seu seminário *A relação de objeto*[8] a esse caso de fobia escrito por S. Freud em 1909.

A terceira: uma única demanda vale tanto quanto um número infinito — sempre valem $\aleph_0$, o primeiro transfinito.

Et pour le transfini de la demande, soit la ré-pétition, reviendrai-je sur ce qu'elle n'a d'autre horizon que de donner corps à ce que le deux ne soit pas moins qu'elle inaccessible à seulement partir de l'un qui ne serait pas celui de l'ensemble vide? (§34.43; AE493; OE495)

E quanto ao transfinito da demanda — ou seja, a re-petição —, será que retomo o fato de ela não ter outro horizonte, a não ser dar corpo ao fato de que o dois não seja menos inacessível do que ela, simplesmente por partir do um, que não seria o do conjunto vazio?

Não se acessa o desejo unicamente pela repetição. O desejo é tão inacessível como "**o dois**", se tentamos capturá-lo a partir do "**um**". Num contínuo — as nossas superfícies topológicas são contínuos de pontos —, o espaço entre dois pontos fixos quaisquer (por exemplo, o número 1 e o número 2) contém uma quantidade de pontos de uma infinitude superior (transfinito do contínuo, $\aleph_c$) ao infinito numerável (primeiro transfinito, alef-zero: $\aleph_0$). Assim propôs e demostrou Georg Cantor (cf. Anexo "Os números transfinitos", p. 199).

A demanda alcançará seu "**horizonte**" transfinito caso inclua o conceito paradoxal do conjunto vazio, cingindo-o assim com as "**duas**" voltas do desejo.

---

[8] LACAN, J. A estrutura dos mitos na observação da fobia do pequeno Hans. In:LACAN, J. (1956-1957) *O seminário, livro 4: A relação de objeto*. Trad. D. D. Estrada. Rio de Janeiro: Editora Zahar, 1995, p. 201-ss.

Colofão

Assim concluem-se as referências topológicas de *O aturdito* que permitem localizar a estrutura topológica do desejo a partir da demanda, bem como conferir toda a sua espessura à diferença entre o dizer e os ditos.

Que este guia contribua para uma das operações que permitem apostar num dizer que não fique esquecido por trás dos ditos!

Anexos

Acrescento estas sete notas com informação adicional para contribuir para a clarificação de alguns temas tratados neste guia (J. Chapuis).

A1 O recurso topológico   181

A2 O toro   188

A3 A banda de moebius   191

A4 Direito, avesso e través   195

A5 Representação das bandas   197

A6 Os números transfinitos   199

A7 A demanda ímpar   201

A1 O recurso topológico

A topologia impregna todo o ensino de Lacan. Desde o princípio ele a emprega para organizar as suas noções e transmiti-lo: esquemas, grafos, superfícies e nós, informam o jogo de relações e operações que entram em jogo na experiência psicanalítica de um *parlêtre*.

Lacan se move numa ampla variedade de formalizações topológicas:

- ESQUEMAS: grafo do desejo, esquema L, R.
- SUPERFÍCIES: toro, banda Moebius, *cross-cap*, garrafa de Klein etc.
- ÁLGEBRAS: discursos, fórmulas da sexuação, fantasia, diagramas alienação/separação etc.
- NÓS: borromeanos, trifólio, tranças etc.

Assinalo aqui muito superficialmente alguns momentos significativos, ordenados segundo a cronologia de seu seminário:

Seminário 1: Os escritos técnicos de Freud (1953-54). Introduz o esquema óptico. Tentou dotar os três registros — Imaginário, Simbólico e Real — com a topologia de um poliedro. Também aparece um sugestivo esquema da análise.

Seminário 2: O Eu na teoria de Freud e na técnica psicanalítica (1954-55). Apresenta o esquema L, que relaciona as noções do momento.

Seminário 3: As psicoses (1955-56). Enuncia que tentará desenvolver uma topologia para os fenômenos de linguagem. Da mesma época datam o esquema R e o

esquema I, apresentados em *De uma questão preliminar a todo tratamento possível da psicose* (publicado
posteriormente nos *Escritos*[1]).

Seminário 4: A relação de objeto (1956-57). Explica a rede
de sinais [+, -] (um grafo da teoria matemática de grafos) que ele coloca em jogo em *A carta roubada*[2]. Propõe,
na aula 22 — intitulada "Ensaio de uma lógica de borracha"[3] —, uma forma algébrica e, na aula seguinte,
mostra o seu uso prático.

Seminário 5: As formações do inconsciente (1957-58).
Produz o grafo do desejo, com seus nós e caminhos bem
estabelecidos, aos quais confere estatuto topológico.
Surge a fórmula da fantasia.

Seminário 6: O desejo e sua interpretação (1958-59).
Praticamente só utiliza o grafo, destacando o seu carác-
ter de topologia: "Se, para isso, eu puder me servir da
topologia de meu esquema [...]"[4].

Seminário 7: A ética da psicanálise (1959-60). Diante da
dificuldade de apresentar *das Ding* [a coisa] como um
conceito situado no centro de um campo e, ao mesmo
tempo, excluído dele, sugere que poderia haver uma
solução recorrendo à via topológica, ainda que não a
apresente.

Seminário 8: A transferência (1960-61). Investiga a topologia esférica (concepção clássica) para explorar outra

---

[1]Cf. LACAN, J. (1958) De uma questão preliminar a todo tratamento
possível da psicose. In: LACAN, J. (1966) *Escritos*. Rio de Janeiro: Jorge
Zahar Ed., 1998, p. 537-590. (N. do T.)

[2]Cf. LACAN, J. (1955/1956) O seminário sobre 'A carta roubada. In:
LACAN, J. (1966) *Escritos*. Rio de Janeiro: Jorge Zahar Ed., 1998,
p. 13-66. (N. do T.)

[3]Cf. LACAN, J. (1957) Ensaio de uma lógica de borracha. In: LACAN, J.
(1956-1957) *O seminário, livro 4: A relação de objeto*. Trad. D. D. Estrada.
Rio de Janeiro: Editora Zahar, 1995, p. 381-399. (N. do T.)

[4]Cf. LACAN, J. (2058-1959) *O seminário, livro 6: O desejo e sua interpretação*. Trad. C. Berliner. Rio de Janeiro: Editora Zahar, 2016, p. 429.
(N. do T.)

topologia que corresponda à experiência analítica: "tento fundar com vocês a topologia de base desse desejo, de sua interpretação, em suma, de uma ética racional"[5]. Sugere que a saída, em particular para a noção de interior, estaria em algo "como uma superfície ou como um volume"[6].

Podem-se marcar estes momentos: em *A transferência* ele se interroga a respeito da forma de conceber a noção de "interior"; em *A identificação*, responde com as superfícies.

*Seminário 9: A identifica*ção (1961-62). Irrupção da topologia das superfícies: toro e *cross-cap*, percursos, cortes, suturas, transformações, enodamento de superfícies, perfurações etc. Alguma referência a uma possível teoria (topológica) dos nós, que ele só começará a utilizar muito posteriormente.

Esta etapa das superfícies topológicas estende-se por uns dez anos, até Lacan incorporar a teoria dos nós — que ele manterá até o fim do seu ensino. Não se pode dizer que ele passe para outra etapa, visto que nunca chega a abandonar as superfícies. Na realidade, Lacan nunca abandona as formulações que criou; muito pelo contrário, ele sempre retorna a desenvolvimentos anteriores para enodá-los aos novos paradigmas, de modo que uns colaborem com os outros. Podem-se detectar momentos, pontos de inflexão, alguma mudança de paradigma: sempre o encontro com um novo sistema que lhe permite propor formalizações originais orientadas para a transmissão.

Seminário 10: A angústia (1962-63). Situa definitivamente o objeto *a* como causa do desejo; ocupa-se de relacionar as superfícies com outras conceitualizações e também com

---

[5]Cf. LACAN, J. (1960-1961) *O seminário, livro 8: A transferência*. Trad. D. D. Estrada. Rio de Janeiro: Editora Zahar, 1992 p. 102; trad. modificada.
[6]Ibid., p. 336.

os seus esquemas topológicos anteriores — o esquema óptico e o grafo do desejo. Aparecem a banda de Moebius, o *cross-cap*, o oito interior, a garrafa de Klein etc.

Seminário 11: Os quatro conceitos fundamentais da psicanálise (1964). Continua com o *cross-cap*, mas começa a vislumbrar uma inclinação para a lógica e para o uso de formas gráficas que se sustentam muito mais em signos alfanuméricos, letras e fórmulas. Diagramas de Venn / Euler para a alienação / separação e o losango (ou punção) para relacionar tanto o sujeito com a demanda como o sujeito com o objeto *a* na fantasia.

Seminário 12: Problemas cruciais para a psicanálise (1964-65). Insiste com as superfícies, desenvolvendo noções específicas com a banda de Moebius, a garrafa de Klein, o *cross-cap* e o toro. Esboça também uma topologia para os três registros.

Seminário 13: O objeto da psicanálise (1965-66). Declara a inevitável pertença da psicanálise ao campo da ciência (assimilando o sujeito da psicanálise ao sujeito da ciência), bem como o quão pertinente é "essa topologia, que se inscreve na geometria projetiva e as superfícies do *analysis situs*", que é capaz de representar "a própria estrutura"[7]. Há muito mais: lógica, escrita chinesa e japonesa, banda de Moebius, *cross-cap*, toro, torções, cortes e suturas. Revisão do esquema óptico em termos de plano projetivo, análise da perspectiva clássica (axonométrica, cavaleira ou ortogonal). Na aula 3 está praticamente tudo o que ele depois desdobra em *O aturdito*.

Seminário 14: A lógica da fantasia (1966-67). Algumas referências ao *cross-cap*, à banda de Moebius e ao toro, mas ele fica mais inclinado a uma formulação lógico--algébrica (o grupo de Klein), aos diagramas de Venn/

---

[7]LACAN, J. (1966) O objeto da psicanálise: resumo do seminário de 1965-66. In: LACAN, J. *Outros escritos*. Trad. V. Ribeiro. Rio de Janeiro: Editora Zahar, 2003, p. 224.

Euler (alienação/separação) e à aproximação do objeto a (como causa do desejo) mediante a secção áurea.

Seminário 15: O ato psicanalítico (1967-68). Se, por um lado, ele situa no contexto dos três registros noções como gozo, saber, verdade, objeto a, sujeito barrado etc. — e utiliza algumas superfícies —; por outro, favorece, em geral, a explicação em termos algébricos e lógicos: volta a apresentar o quadrante de Peirce e utiliza a notação de Frege da *Begriffsschrift* (Conceitografia), que relaciona função e conceito.

Seminário 16: De um Outro ao outro (1968-69). Reforça o viés "algébrico" para o objeto a — matrizes; número de ouro, com a série de Fibonacci; teoria axiomática de conjuntos —, sem deixar de mencionar o grafo do desejo, o esquema do espelho e as figuras topológicas mais "imaginárias" (*cross-cap*, garrafa de Klein, banda de Moebius etc.).

Seminário 17: O avesso da psicanálise (1969-70). Responde ao momento histórico inventando a sua teoria dos discursos como um sistema topológico muito organizado, integrando num pseudogrupo de Klein lugares, elementos e relações. Praticamente não há menções à topologia de superfícies.

Seminário 18: De um discurso que não fosse do semblante (1971). Segue utilizando o sistema quaternário dos discursos, apresenta o seu não-todo e a escrita da sexuação como uma formalização lógica algébrica numa topologia também quaternária. Recorda pontualmente as superfícies que utilizou.

Seminário 19: ...ou pior / Estou falando com as paredes (1971-72). Recapitulação da "teoria das quatro fórmulas" (os discursos), das fórmulas da sexuação e do objeto a (como raiz quadrada de -1) em termos de teoria numérica e teoria de conjuntos. Propõe a topologia como necessária para que se compreenda o seu ensino e para que se entre verdadeiramente no campo do saber.

Comenta, de passagem, que lhe "deram" o nó borromeano e mostra as suas características[8]. No verão de 1972, termina de escrever *O aturdito*.

Seminário 20: Mais, ainda (1972-73), é o grande seminário do gozo, da mulher, das fórmulas da sexuação, e do início de outra fase topológica: a teoria dos nós. Aparece um esquema triangular RSI e, na aula 10 — sobre os "Redondéis de barbante"[9] —, ele introduz a topologia borromeana.

Seminário 21: Les non-dupes errent (1973-74/"Os desenganados se enganam", "Os incautos erram", "Os nomes do pai"...). Começa o desenvolvimento dos três registros com o nó borromeano, mais especificamente do tipo de enodamento borromeano, incluída aí a sua relação com as fórmulas da sexuação.

Seminário 22: RSI (1974-75). Centrado no enodamento borromeano dos três registros: Real, Simbólico e Imaginário, ele nos lembra de que cada uma das cordas enodadas é uma superfície tórica, resgatando-a para as suas elaborações. É o ano da *Terceira* (1975), na qual utiliza os discursos e o nó borromeano.

Seminário 23: O sinthoma (1975-76). Desenvolve a teoria dos nós, utilizando o caso Joyce como ilustração clínica. O enodamento de quatro cordas, o nó trifólio, as tranças etc. A quarta corda nomeadora, ou *sinthome*, do enodamento dos três registros e a possibilidade da sua aplicação clínica.

Seminário 24: L'insu que sait de l'une-bévue s'aile à mourre (1976-77). Assistimos a um retorno às superfícies que se conjugam com o nó borromeano para tratar

---

[8]LACAN, J. (1971-9172) *O seminário, livro 19: ...ou pior.* Trad. V. Ribeiro. Rio de Janeiro: Editora Zahar, 2012, p. 88-ss.
[9]LACAN, J. (1972-1973) *O seminário, livro 20: Mais, ainda.* 2ª ed. Trad. MD Magno. Rio de Janeiro: Editora Zahar, 1985, p. 160-186; trad. modificada. (N. do T.)

os três registros, realizando cortes e perfurações das superfícies.

Seminário 25: Momento de concluir (1977-78). Condensa, na mesma topologia, os nós e as superfícies, insistindo muito no "estofo" da topologia, na noção de "vizinhança" como consistência, do contínuo/descontínuo.

Seminário 26: A topologia e o tempo (1978-79). Segue trabalhando na combinatória de superfícies, enodamentos, trançados. Dialoga com J.-M. Vappereau, J. D. Nasio, P. Soury, P. Thomé e outros, inteiramente mergulhados na problemática da topologia.

Seminário 27: Dissolução (1979-80). Lacan se ocupa do ensino e da transmissão. Assinala a sua "obstinação na via do matema" que não impede nada, mas testemunha "o que seria preciso". Em 1979 teve três encontros com Jean-Pierre Petit: uma volta a mais sobre a topologia de superfícies para a fantasia fundamental com a superfície de Boy.

A2 O toro

Essa superfície topológica pode ser considerada dentro do grupo mais amplo das superfícies esféricas. Ela tem duas faces, uma interna e outra externa, e um certo número de "asas".

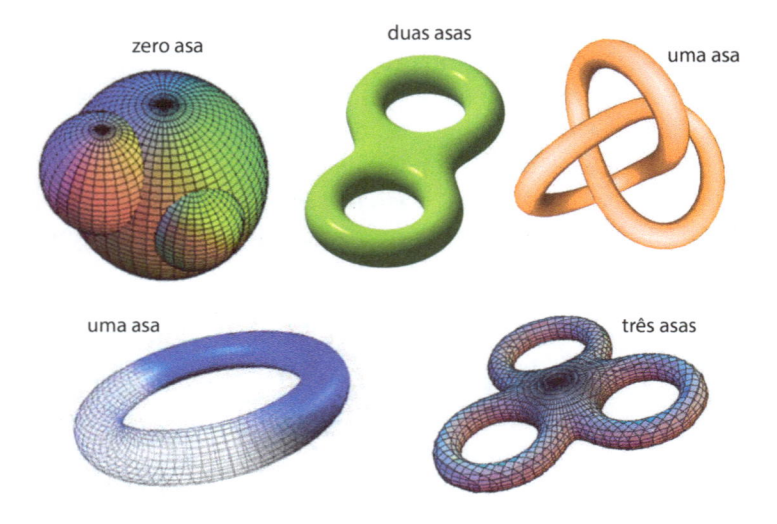

O toro que se manipula em *O aturdito* é o toro de uma asa só. Um dos modos de *gerar* essa superfície consiste em fazer com que uma circunferência ou uma elipse girem ao redor de um eixo que não a corte.

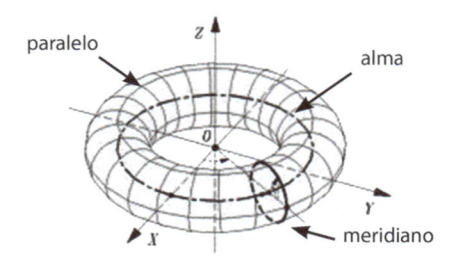

Utilizando um vocabulário *geodésico*, pode-se falar em "meridianos" e "paralelos" — diferenciação muito útil, visto que eles designam os dois parâmetros da superfície. Também se dá o nome de "alma" à curva que o centro da circunferência geradora descreve; e, por extensão, ao espaço vazio interno do toro (ou "furo interior") — para diferenciá-lo do vazio central (ou "furo exterior") que define as "asas" da superfície.

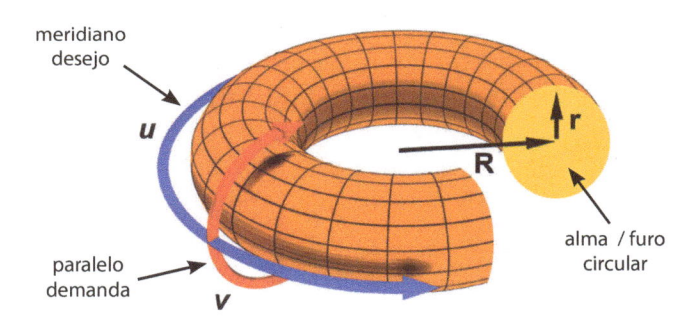

A superfície de um toro pode se definir de um modo algébrico, sem recorrer a representação alguma, utilizando somente uma combinação de símbolos que definem a relação entre as suas duas variáveis ou parâmetros, por exemplo: (u, v).

De fato, para os nossos propósitos, o toro tem de ser entendido como um certo modo de relacionar duas variáveis (*demanda* e *desejo*). Uma forma de escrever essa relação pode ser a seguinte:

$$x(u, v) = (R + cos\ v)\ cos\ u$$
$$y(u, v) = (R + cos\ v)\ sen\ u$$
$$z(u, v) = r\ sen\ v$$
$$\forall\ u, v \in\ ]0, 2\pi]$$

Essa é uma fórmula de equivalência entre coordenadas cartesianas (x, y, z) e paramétricas (u, v). Ela mostra que as variáveis implicadas na superfície se reduzem a duas (u, v); e o seu campo de variabilidade, ao intervalo $]0, 2\pi]$. A formulação algébrica implica, ademais, duas constantes: R, que mede a distância do centro do toro ao centro do tubo; e r, que dá o valor do raio do tubo. De um ponto de vista topológico, R e r carecem de importância porque não afetam o tipo de relação que se dá entre as duas variáveis (u, v).

A "curvatura" de uma linha traçada na superfície do toro pode ser representada como um vetor que emerge perpendicular à superfície: a sua direção está indicada pela ponta da flecha; a intensidade da curvatura indica-se pelo comprimento (irrelevante, em termos topológicos). Em nossas operações, permite-nos constatar a torção dos trajetos de corte nos giros do vetor ao fechar-se a curva.

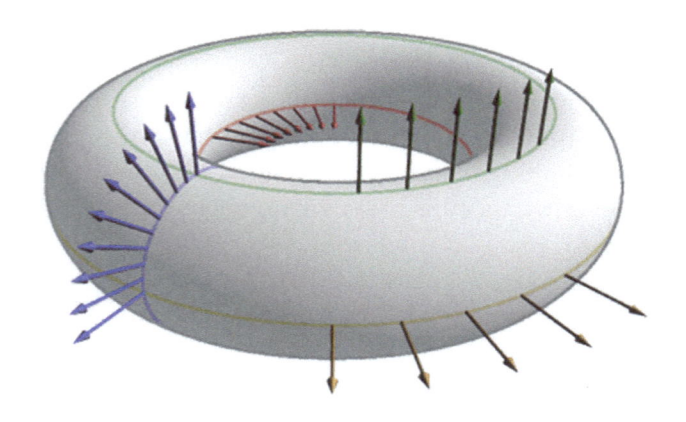

A3 A banda de Moebius

Chama-se assim a variedade de superfícies que contam com uma só *face* e uma *borda* única.

As características topológicas que lhe conferem as distintas formas no espaço tridimensional são duas: *torção* e *enodamento*.

1. TORÇÃO: a banda mais simples e mais comum tem uma torção de 180°, o que no *"L'étourdit"* se chama de "**meia volta de torção**". A torção se percebe muito bem ao construir a banda do modo mais usual, com uma tira de papel: girando 180° um dos extremos da tira e colando-o ao outro. J. Lacan utiliza em *O aturdito* a banda de Moebius mais simples e mais conhecida.

CONSTRUÇÃO DA BANDA DE MOEBIUS A PARTIR DE UMA FITA

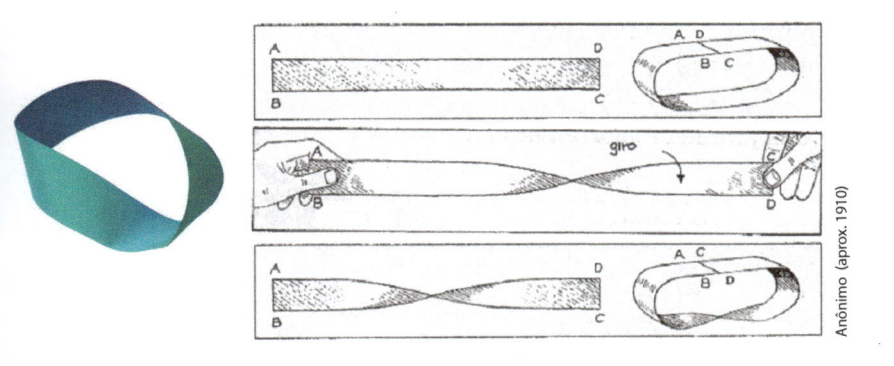

Anônimo (aprox. 1910)

Outras torções dão origem a bandas mais retorcidas. Para que sejam moebianas, o retorcimento tem de ser de um jeito tal que continuem com uma face única e uma só borda, de modo que a torção só pode ser um múltiplo ímpar de 180° (3 => 540°, 5 => 900° etc.). Ademais, a torção ser levogira ou dextrogira dá origem a duas bandas que diferem entre si como uma figura e sua imagem especular.

Posteriormente a *O aturdito*, Lacan utiliza a banda com três semitorsões, que chama de "banda tripla" (*Seminário 26: A topologia e o tempo*, 21 de novembro de 1978). Com um corte mediano, temos uma banda bilátera enodada como um nó trifólio.

BANDA DE MOEBIUS "TRIPLA" (TORÇÃO 540º) E
BANDA BILÁTERA QUE SE GERA COM UM CORTE MEDIANO

2. ENODAMENTO: se, ao construir a banda, fazemos um laço simples antes de colá-la, a banda fica entrecruzada com ela mesma. A banda mais simples não está enodada. Como exemplo, desenhamos duas bandas enodadas, uma com três voltas de torção e a outra enodada ao modo de "nó trifólio".

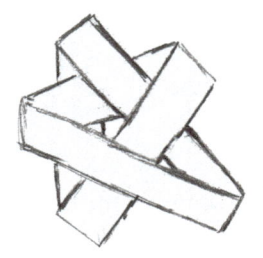

enodada com torção 3x180º=540º   enodada com torção (180º)

Podemos encontrar uma ampla variedade de representações da banda de Moebius, utilizadas para ressaltar essa ou aquela característica.

REPRESENTAÇÕES DA BANDA DE MOEBIUS
COM MEIA VOLTA DE TORÇÃO 180°

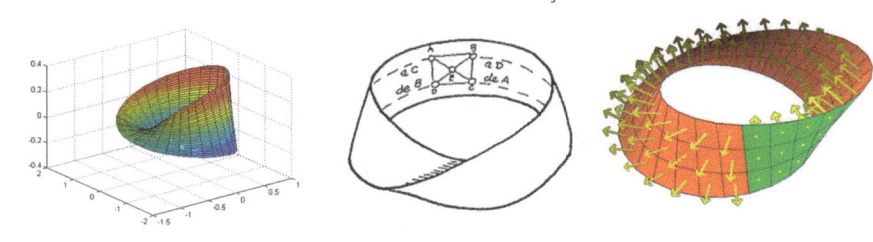

As formas algébricas — que Lacan menciona como "pura álgebra literal"[1] — da fita variam conforme o sistema que se escolhe para apresentar as relações entre as suas variáveis. A título de exemplo, apresentamos a escrita da banda de Moebius standard:

$x\,(u, v) = cos\ u + v\ .\ cos\ u/2\ .\ cos\ u$
$y\,(ou, v) = sen\ u + v\ .\ cos\ u/2\ .\ sen\ u$
$z\,(ou, v) = v\ .\ sen\ u$
$\forall\ (ou, v),\ 0 \leq u < 2\pi\ \&\ \text{-}0,5 \leq v \leq 0,5$

Em coordenadas cilíndricas (r, φ, z), ela pode ser representada sem borda:

$\log r\ .\ sen\ (\varphi\ /\ 2) = z\ cos\ (\varphi\ /\ 2)$

Em topologia algébrica conferem-se outras escritas mais crípticas da banda, mas que não implicam representação no espaço:

$I \subset Mo \rightarrow S^1$

---

[1]Cf. §24.4; AE472; OE472. (N. do T.)

São muito conhecidas as xilografias de M. C. Escher. *Möebius Strip I* é, na realidade, uma banda bipartida, como se pode ver ao ressaltar com dois tons as faces que aparecem com o corte mediano na banda de Moebius.

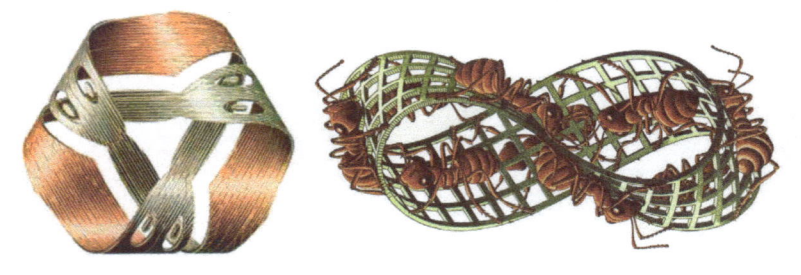

M. C. Escher, *Möbius Strip I* (1961)   M. C. Escher, *Möbius Strip II* (1963)

Podemos encontrar aplicações da banda de Moebius em diversos âmbitos, desde a arquitetura e a mecânica até a escultura ou o desenho corporativo.

Logo internacional para "Reciclado"

Logo do Partido Humanista

Péter Koros: *Moebius band 1*

A4 Direito, avesso e través

Esses três vocábulos, referidos às superfícies que nos ocupam, estão relacionados entre si e, às vezes, geram certa confusão: "**direito**" (*endroit*), "**avesso**" (*envers*) e "**traverso**" (*travers*).

Endroit (direito). Em §23.3 refere-se claramente ao lado direito; nesse contexto, não se presta a equivocação alguma — ainda que, em francês, também se escute como *lugar*.

Envers (reverso, avesso). Esse termo gera alguma confusão e, por vezes, devido à sua semelhança com "anverso" — que, precisamente, designa o contrário: o lado direito de uma coisa de duas faces —, foi mal trasladado para o castelhano.

Travers (través ou traverso). Em francês escuta-se como *peculiaridade* ou *esquisitice*. Em nosso contexto está claro que ele provém da expressão à *travers de* (a-través de) que dá a ideia de um *atravessamento*, evocando claramente a ideia deste ponto "**traverso**" que se alcança na outra face quando se atravessa uma superfície. "**Traverso**" é um neologismo legitimado pela analogia com "reverso". Em vários parágrafos aparece junto da oposição *endroit/ envers*, que indicam as duas faces de uma superfície: seu direito e seu avesso.

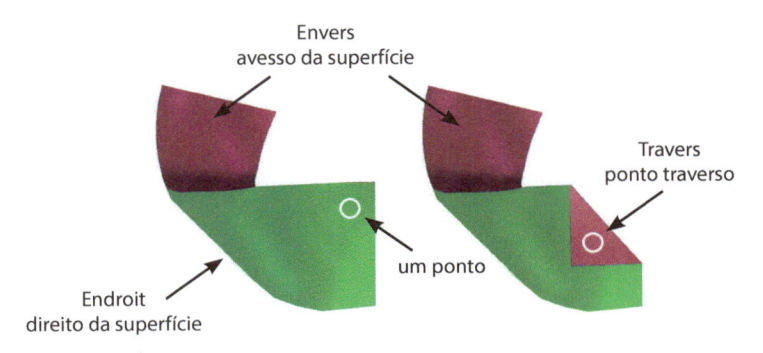

Envers
avesso da superfície

Travers
ponto traverso

um ponto

Endroit
direito da superfície

Essa diferenciação — que é possível fazer, sem dificuldade, numa superfície de duas faces — apresenta mais ambiguidade nas superfícies de uma face só. Na banda de Moebius o **"direito"** (*endroit*) e o **"avesso"** (*envers*) estão em continuidade, de modo que, estritamente, não se pode fazer essa diferença: não há nem direito, nem avesso.

ATRAVESSAMENTO DA BANDA DE MOEBIUS EM UM PONTO

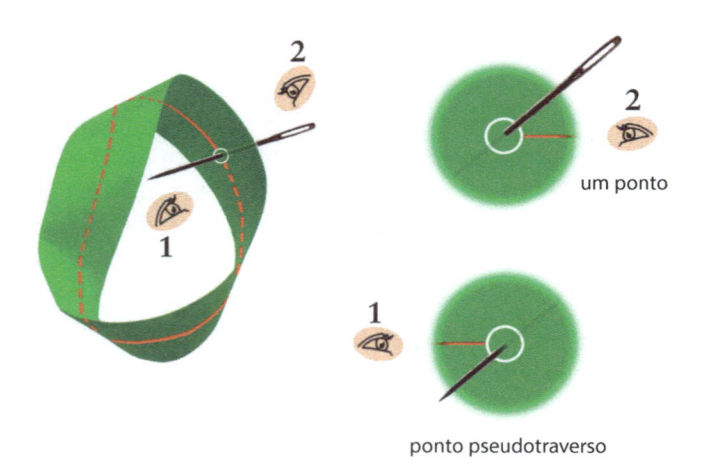

um ponto

ponto pseudotraverso

Muito embora possamos atravessar a banda em um ponto qualquer e chegar ao seu **"traverso"** (*travers*) — ou, melhor dizendo, ao seu *pseudotraverso* —, topologicamente esse ponto se confunde com o primeiro, visto que eles estão em continuidade.

Esse é um caso em que as propriedades de uma estrutura topológica se revelam paradoxais ao serem construídas num espaço tridimensional.

A5 Representação das bandas

Neste guia utilizo três tipos de representações. Algumas permitem visualizar melhor certas caraterísticas; outras, explicar melhor um determinado aspecto da banda.

Representação espacial

Oferece uma imagem *realista*, representando as fitas no espaço, de modo que se pode visualizar a superfície imersa no espaço tridimensional habitual.

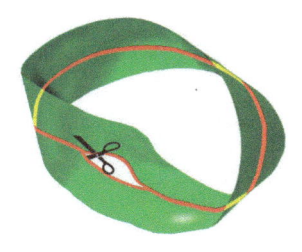

Representação plana

É ideal para verificar se uma banda conta com uma ou duas faces.

duas faces

duas faces

uma só face

 É equivalente a uma fita de papel colocada sobre um plano. Deste modo, a torção se concentra nas dobras e é muito simples verificar se a fita tem uma ou duas faces utilizando duas cores. Permite acompanhar o percurso dos pontos marcados quando se realizam cortes.

Representação plana simplificada

A torção é *um parâmetro fundamental*, visto que determina não só se a banda é moebiana, ou não, mas o grau de retorcimento que ela tem. A torção também pode se expressar pela quantidade de meias voltas de torção (cada uma de 180°).

A partir da representação plana pode-se desenhar uma representação *plana simplificada* onde *cada dobra* represente *uma meia volta de torção* — visualizando, ao mesmo tempo, as faces da fita, colorindo-as.

duas dobras
torção: 2 x 180° = 360°
banda bilátera torcida

uma dobra
torção: 180°
banda de Moebius simples

A banda assim desenhada terá o número de dobras igual ao de meias voltas de torção (180°), o que facilita quantificar a torção e verificar as faces. Nessas representações, a quantidade de dobras indica:

- ímpar > bandas moebianas
- *par* > bandas biláteras

Encontraremos esse tipo de representação em diversos comentaristas — por exemplo, em Ch. Fierens e J. Granon-Lafont.

A6 Os números transfinitos

Esse tipo de número foi inventado por Georg Cantor (1845--1918), como uma extensão do sistema numérico, basicamente para responder ao problema da categoria do infinito matemático — bastante difundido em sua época. A solução cantoriana responde a diversas indagações, dentre as quais:

- Podem-se contar os elementos de um conjunto infinito?
- Há diferentes infinitos? E, em caso afirmativo: Qual deles é maior que o outro?
- Se somamos dois conjuntos infinitos, o que obtemos é maior que os anteriores?

E também a outras questões relativas ao funcionamento de operações aritméticas com conjuntos infinitos.

Cantor elegeu o símbolo da primeira letra do alfabeto hebraico (alef, $\aleph$) como signo identificador desses números, que foram chamados de "transfinitos".

$\aleph_0$, alef-0: é o primeiro número alef, o primeiro cardinal transfinito, *o menor*. $\aleph_0$ designa a quantidade de elementos que os conjuntos numeráveis têm. Cantor demonstrou que os números naturais (1, 2, 3, 4...), os números pares (2, 4, 6, 8, 10...), os ímpares e os números primos (2, 3, 5, 7, 11, 13, 17...) são todos conjuntos numeráveis e têm, todos eles, a mesma quantidade de elementos — isto é, $\aleph 0$ elementos.

$\aleph_1$, alef-1: designa o segundo número transfinito, o primeiro cardinal maior que $\aleph 0$.

$\aleph_c$, alef-c: designa ao cardinal do contínuo, o número cardinal dos pontos de uma reta ou dos números reais. Cantor demonstrou que esse cardinal tem maior potência que o $\aleph_0$ dos numeráveis — quer dizer, ele é maior.

Uma vez definido o número transfinito (numerado, construído, elaborado o sistema), surgiram algumas indagações que permitiram levantar certas conjecturas postuladas como teoremas por demostrar. Entre outras: Existe algum conjunto infinito ($\aleph_1$) cujo tamanho esteja entre os números naturais ($\aleph_0$) e o contínuo/números reais ($\aleph_c$)? Cantor propõe que a resposta é negativa e estabelece a *Hipótese do Contínuo*, que pode ser formulada assim: "Não existem conjuntos cujo tamanho esteja compreendido estritamente entre o dos números naturais e o contínuo". No entanto, não conseguiu demonstrá-la, restando como conjetura.

Em 1940, Kurt Gödel demostrou que *não se pode provar* que a hipótese do contínuo seja *falsa* (partindo da axiomática básica de Zermelo-Fraenkel ou equivalente). Em 1963, Paul Cohen demostrou, por sua vez, que *tampouco se pode provar* que a hipótese seja *verdadeira*, partindo dos referidos axiomas. Assim, então, *a hipótese do contínuo se apresenta como indecidível,* como não demonstrável: não pode ser afirmada, nem tampouco negada.

A partir daí, entende-se como *Hipótese do Contínuo* a suposição de que o segundo transfinito coincide com o transfinito do contínuo, isto é, que $\aleph_1 = \aleph_c$. Com isso é possível tomá-lo como axioma e acrescentá-lo à axiomática básica, o que dá origem às *Teorias de conjuntos cantorianas*. Se o axioma introduzido é o de que tal hipótese é falsa, abre-se o campo das *Teorias de conjuntos não cantorianas*. Algo equivalente ao que ocorre com as geometrias euclidianas, que afirmam o postulado das paralelas; e com as não euclidianas, que o substituem por outro. Mas o debate sobre essa questão ainda se mantém: W. H. Wooding publica, em 2001, um trabalho[1] que coloca em questão essa indecidibilidade[2].

---

[1]WOODING, W. H. (2001) *The axiom of determinacy, forcing axioms, and the nonstationary ideal.* Berlim: Walter de Gruyter, 2010.
[2]Cf. BOUSSEYROUX, M. *Au risque de la topologie et de la poésie.* Toulouse: érès, 2011, p. 46-ss.

A7 A demanda ímpar

A figura mostra os casos em que as duas voltas do desejo fecham seu corte com uma e três voltas da demanda.

REPRESENTAÇÃO DO CORTE COM UMA
VOLTA E TRÊS VOLTAS DA DEMANDA

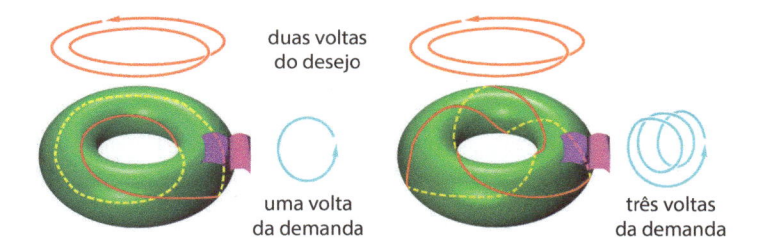

duas voltas do desejo

uma volta da demanda

três voltas da demanda

A própria estrutura topológica do toro não permite fazer um traçado que, dando duas voltas em torno do furo central (desejo), se feche num número par de voltas em torno do furo circular (demandas).

Colocando como condição duas, e somente duas, voltas-*desejo*, as voltas-*demanda* estão *intimadas* a ser em *número ímpar*. Justificamos essa condição de um modo um pouco mais formal:

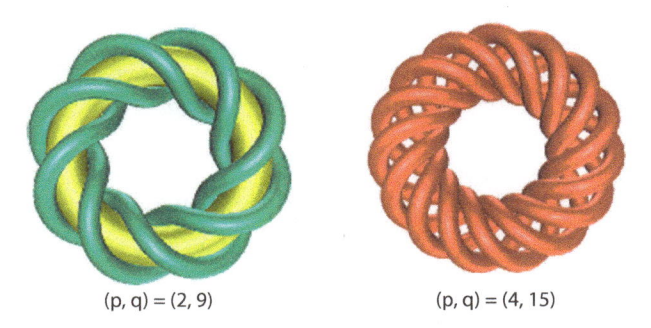

(p, q) = (2, 9)

(p, q) = (4, 15)

Qualquer desses trajetos *ímpares* sobre o toro pode ser considerado um *torus knot*. Esses nós podem se especificar com um par ordenado de números que correspondem às voltas ao redor de cada um dos furos do toro sobre o qual se enrolam (*p-desejo, q-demanda*).

Esses dois números devem ser *coprimos*. Isso quer dizer que o máximo comum divisor de p e q é 1, e somente 1.

Sem ir além noutras considerações algébricas, pode--se demostrar que, caso coloquemos como condição que o número de voltas do desejo (p) tem de ser duas, e somente duas, só haverá fechamento nos casos (2,1); (2,3); (2,5); (2,7); (2,9)... A demanda sempre será ímpar, isto é, poderá ter uma, três, cinco, sete, nove... voltas-*demanda*, mas nunca duas, quatro, seis, oito...

A demanda *ao infinito* cumpre essa condição ao se atribuir o ímpar ao único transfinito numerável, o *primeiro* dos transfinitos ($\aleph_0$).

Parece interessante ressaltar que o nó trifólio é um *torus knot* que se especifica por (*p-desejo* = 2, *q-demanda* = 3) e pode ser representado sobre um toro:

DUAS REPRESENTAÇÕES DO NÓ TRIFÓLIO
(*TRIFOILD*), QUE É UM *TORUS KNOT*

Referências bibliográficas

LACAN, JACQUES. "O ATURDITO".

_____, *Scilicet*, n. 4, revista da École Freudienne de Paris. Paris: Seuil, 1973.

_____, *Autres écrits*, recompilação de Jacques-Alain Miller. Paris: Seuil, 2001.

_____, "El atolondradicho", tradução de J.-L. Delmont-Mauri, Diana Rabinovich e Julieta Sucre, em *Escansión*, n. 1. Buenos Aires: Paidós, 1984.

_____, "El atolondradicho", tradução e revisão de Graciela Esperanza, colaboração de Diana Rabinovich, em *Otros escritos*. Buenos Aires: Paidós 2012.

_____, "L'Etd", documento e notas de leitura / tradução de *L'étourdit*. Centro de investigación P&S. Barcelona, 2017.

_____, "O aturdito", tradução de Vera Ribeiro, em *Outros escritos*. Rio de Janeiro: Editora Zahar, 2003.

BOUSSEYROUX, MICHEL. *Au risque de la topologie et de la poésie*. Toulouse: érès, 2011.

CEVASCO, RITHÉE. *La discordancia de los sexos*. Barcelona: Ediciones S&P, 2010.

FIERENS, CHRISTIAN (2002) *Lectura de L'étourdit. Lacan 1972: sexuación y discursos, el muro de lo imposible*. Trad. R. Cevasco; J. Chapuis. Barcelona: Ediciones S&P, 2012.

GRANON-LAFONT, JEANNE (1985) *A topologia de Jacques Lacan*. Rio de Janeiro: Editora Zahar, 1990.

LACAN, JACQUES (1966) *Escritos*. Trad. V. Ribeiro. Rio de Janeiro: Editora Zahar, 1998.

_____, "Abertura desta coletânea" [1966], pp. 9-11.

_____, "Função e campo da fala e da linguagem em psicanálise" [1953], pp. 238-324.

_____, "Subversão do sujeito e dialética do desejo no inconsciente freudiano" [1960], pp. 807-842.

_____. (2001) *Autres écrits*. Paris: Seuil.

_____. (2001) *Outros escritos*. Trad. V. Ribeiro. Rio de Janeiro: Editora Zahar, 2003.

_____, "Lituraterra" [1971], pp. 15-25.

_____, "Proposição de 9 de outubro de 1967 sobre o psicanalista da Escola" [1967], pp. 248-264.

_____. (1994) *O seminário, livro 4: A relação de objeto* [1956-57]. Trad. D. D. Estrada. Rio de Janeiro: Editora Zahar, 1995.

_____. *Le séminaire,* livre IX: *L'Identification* [1961-62], inédito.

_____. (2004) *O seminário,* livro 10: *A angústia* [1962-63]. Trad. V. Ribeiro. Rio de Janeiro: Editora Zahar, 2005.

_____. (1973) *O seminário,* livro 11: *Os quatro conceitos fundamentais da psicanálise* [1963-64]. Trad. M.D. Magno. Rio de Janeiro: Editora Zahar, 1985.

_____. *Le séminaire,* livre XIII: *L'objet de la psychanalyse* [1965-66], inédito.

_____. (2011) *O seminário,* livro 19: *...ou pior* [1971-72]. Trad. V. Ribeiro. Rio de Janeiro: Editora Zahar, 2012.

_____. (2011) *Estou falando com as paredes: conversas na Capela de Sainte-Anne* [1971-72]. Trad. V. Ribeiro. Rio de Janeiro: Editora Zahar, 2011.

_____. *Le séminaire,* livre XXII: *RSI* [1974-75], inédito.

_____. (2005) *O seminário,* livro 23: *O sinthoma* [1975-76]. Trad. S. Laia. Rio de Janeiro: Editora Zahar, 2007

_____. *El seminario de Caracas / Disolución* (abertura do encontro de Caracas, 1980). In: *Actas de la reunión sobre la enseñanza de Lacan y el psicoanálisis en América Latina*. Caracas: Editorial Ateneo de Caracas, 1982. Também publicado em: Jacques Alain Miller, *Escisión. Excomunión. Disolución.* Buenos Aires: Manantial, 1987, pp. 264-267.

REINHARD, FRITZ; SOEDER, HEINRICH (1980) *Atlas de matemáticas*, vol. 1. Trad. J. L. Vázquez Suárez; M. Rodríguez Artalejo. Madri: Alianza, 1984.

VAPPEREAU, JEAN-MICHEL (1997) *Nudo: la teoría del nudo esbozada por J. Lacan*. Trad. H. Pons. Buenos Aires: Kliné, 2006.

WOODING, WILLIAM HUGH. "The continuum hypothesis", *Notices* of *the American Mathematical Society*, n. 48, pp. 567-576, 681-690.